我已經很好，不需要最好

不完美也沒關係，
重新認識內在價值的自我對話練習，
活出坦然、堅定的自己

叢非從　著

高寶書版集團

目錄 Contents

第二章 我需要付出，也需要回報

目錄 Contents

第四章 內在成長，外在收穫

目錄 Contents

自序

我是二〇〇七年進入大學讀心理學系的，大三的時候，開始在學校接待心理諮詢者。二〇一四年，讀完了七年的心理學課程後順利畢業，在社會上開設心理學的課程，並接待心理諮詢者，一直到今天，我仍在做著這份的工作。

我接待的第一個諮詢者是一個大一學生，因為害怕室友成績比自己好而來尋求幫助。那時候我也害怕，我怕我幫不到他，但我帶著我的害怕去幫助了他的害怕。我已經不記得怎麼幫他的了，甚至不知道我是否有幫助到他。

畢業後，我開始「北漂」。我在社會上接的第一個付費諮詢者也是一個學生。當時他跟我說，他是一個研究生，問我接不接。我想我已經研究所畢業了，接個還在讀研究所的個案應該沒什麼問題吧。結果對方來了之後，說他是博士研究生，因為強迫心理的問題擔心畢不了業。我在震驚中冒昧問了一句哪個學校，他說清華，於是我在忐忑中假裝經歷過大世面，開始了我第一次的收費——表演。

從某個層面上來說，我很棒。並不是每一個心理學系的學生都可以在大三就接諮詢的，更不是每個人都能在一個行業裡扎根這麼多年。雖然我知道「我很棒」，但我真正體驗到的是：我好像是個會瞎掰、沒什麼能力的那種人，我是不是在騙人，我一個「學渣」憑什麼幫「學霸」……這種感覺直到今天也沒有太明顯的變化。晚上的時候膨脹，覺得自己真了不起；早上的時候枯萎，發現自己真起不了。

不同於那時候的是，我知道了這就是人生：會有起起伏伏的情緒，會有滿腦飄逸的想法。生活會變來變去，情緒也是。

人有很多奇怪的情緒，憤怒、難過、焦慮、委屈、迷茫、孤獨……就像是籃子裡的珍珠，充滿大膽明亮的多巴胺色系，特別好看。去觀察這些情緒的時候，你會發現情緒是人獨有的浪漫。沉浸在煩惱裡，你就像溺水一樣難受；跳出了煩惱，你就像是在戲水一樣有趣。

多數時候，人之所以會煩惱，是因為掉進了某個可愛的極端：覺得這就是自己的全部，或者這就是人生的全部了。

實際上，人生變來變去，你還沒有找到「變」的規律是什麼，你的未來有無數條路可以走，你的豐富性和可能性遠遠超乎你的想像。

這十多年我愛上了思考煩惱，喜歡思考自己的煩惱，也喜歡思考別人的煩憂。如果有人跟我說，他買了什麼好東西，那我沒興趣，但如果有人跟我說，他有一件煩心事，我會馬上邀請他快說說。

我把這些思考和故事一篇篇記下來，於是有了一本本書，這本書就是其一。我想跟你分享的，是人生的一些可能性。並不是說我說的就是對的、好的，也不是說就是錯的、糟的，我想表達的只是一些不同可能性且可能是你沒有想過的視角。

本書的簡體中文版原書名是《我沒那麼好，也沒那麼糟》，意思就是，**不要用好或糟去定義你的種種，也不必如此去定義他人**，而是用「可能性」去理解一個新的世界。

可能，那不一樣呢？
可能，你跟你想的不一樣呢？
可能，他跟你想的不一樣呢？
可能，事跟你想的不一樣呢？
可能，人生跟你想的不一樣呢？
可能，未來跟你想的不一樣呢？
可能一切都是沒那麼好，也沒那麼糟呢？

第一章

我沒那麼好，也沒那麼糟

01 我沒那麼好，也沒那麼糟

你覺得自己某方面不夠好時，你可能會想試圖改變它，這是一種積極進取的態度，表明你有進步的意願和能夠達成目標的自信。也許，你在嫌棄自己，但實際上你也在相信自己。畢竟，已經對自己失去信心的人才會放棄努力，而對自己仍抱有希望的人則在不斷鞭策自己。

接受自己的不足，是改變自己的動力之一，然而有些不足是不容易改變的，例如身高、相貌、某些性格特徵等，雖然可以改變，但困難程度比較高。如果你一直在意自己身上的不足，對自己來說將是一種內耗。

我們該如何接受那些不容易改變、難以改變或者你不想改變的不足呢？

答案是直接利用它就好了！世界上沒有真正不好的東西，只有還沒被好好利用的東西。只要你懂得利用，敵人也可以成為自己進步的墊腳石，對方的攻擊可以成為你反擊的助力。你身上的不足也是如此，當你學會利用自己的不足，它就不再那麼令人困擾了。

我們身上的不足，實際上有很多好處，其中之一是：它能成為我們與他人建立連結的方式。

許多人認為「只有足夠優秀才會被人喜歡」，但實際上「優秀」和「被喜歡」之間並沒有因果關係：優秀確實有可能會讓人喜歡，但並不代表不夠優秀就沒有人會喜歡你。就像小時候常聽到的「世上只有媽媽好」，媽媽確實很好，但只有媽媽好嗎？哥哥、姐姐、爸爸、外公、外婆、爺爺、奶奶、朋友、老師他們都不好嗎？我們不能因為媽媽好，就否定了其他人的好。

優秀會被人喜歡，那只有優秀才值得被喜歡嗎？有缺點就不配被喜歡嗎？平凡就不配被喜歡嗎？世界上有這麼多不夠優秀的人，難道都註定孤獨一生嗎？

顯然不是。正是因為有缺點，人才會被喜歡。當你願意講述自己的不足時，反而會給人一種親近感。舉個例子，我曾覺得自己的牙齒長得很不好看而感到自卑。以前我拍照時都不願意笑，只會抿嘴。我認為「嘴巴醜」意味著不夠優秀、不會被喜歡，我擔心別人會嘲笑我的牙齒。

你或許認為我想太多了，但事實證明並非如此。後來我開始直播，面對鏡頭，有位觀眾說：「這個老師的牙齒太難看了，建議你矯正，這樣直播效果會更好。」起初我感到非常羞愧，甚至想閉著嘴講課，並為此感到非常難過。

然而，當我與自己的牙齒「和解」後，我可以坦然地談論這件事了。是的！有時我也不喜歡我的牙齒長得不整齊，但對此無能為力；我也很羨慕那些牙齒整齊的人，他們真的很棒。

這時候，反而有很多人願意安慰我：「沒關係呀，你其他地方都很好呀。我覺得你的牙齒並不難看，小虎牙還挺可愛的。」還有人願意給我一些建議，比如可以考慮用什麼方式矯正牙齒，這讓我感到：**我的缺點也許不被所有人喜歡，但作為一個有缺點的人，我依然值得被喜歡**。

當我談論自己的優點時，人們會說「你真棒！」而當我談論自己的缺點時，他們會說「沒關係」。相比之下，後者讓我感到更輕鬆、愉悅，我也更喜歡與那些能讓我感到輕鬆、愉悅的人多交流互動。

當你不能接納自己的缺點時，你就像是戴上了一個只展示自己優點、刻意隱藏不好一面的面具。這樣的你，即使在其他方面再出色，與他人之間仍然保持著一種距離。

我曾因為不喜歡展露牙齒而不愛大笑。在很長一段時間裡，別人認為我冷漠、難以相處。多年後，當我回顧那些時期的照片時，我真切感受到自己看起來的確很冷漠、不易相處。不僅外表透露著冷漠，還有一種從內心散發出來的不快樂，讓人感到不舒服。現在回想起來，我意識到，那時候的我並不喜歡自己。

當你開始談論自己的缺點時，你塑造了一個親近感十足的形象，讓別人覺得你是可以親近的。或許，有些人真的討厭你身上的某些缺點，但這同時也給那些不介意的人一個靠近你的機會。

如果你始終戴著「優秀」的面具隱藏起自己所有的不足，確實會贏得很多人的讚賞，但如果你願意坦誠地展示自己的缺點，反而會有人會願意靠近你、親近你。你是想被所有人遠遠地喜歡，還是願意與一些人建立親密關係並被他們喜歡呢？

你並不完美，這沒有關係，你甚至可以學著感激自己身上的這些缺點。因為你不完美，所以你才是真實、正常的人，那些裂痕是光線能照進來的地方，而那些不好的一面，也能成為人與人產生連結的橋樑。

所以請告訴自己，「我沒那麼好，也沒那麼糟」。

02 成為你自己，才能成為有趣的人

有一位同學說：「我有一種感覺，好像別人跟我在一起時，他們給我的感覺是覺得我很無趣。他們可以和任何一個人玩得很開心、聊得很快樂，可是開始跟我說話的時候，他們的語氣就變得平淡，好像沒有交談的欲望，我很不喜歡這種感覺。我也想表達自己，也希望別人覺得我很有趣，可是我不知道該怎麼說，才能讓大家覺得我沒有那麼平淡無味。我真的好難過。」

從表面上來看，這位同學希望自己變得有趣，其實背後真正的動機可能是渴望被他人喜歡。

有趣的人往往討人喜歡，所以我們總會羨慕和喜歡身邊那些很會講故事、擅長講笑話、幽默有趣的人。你看到的是你厭惡自己的無趣，而我看到的是你內心想要被別人喜歡的渴望。雖然，讓自己變得有趣可以獲得他人的喜歡，但這是一個不太容易在短時間內改變的事情。也許我們可以從其他角度思考，除了「有趣」，如何透過其他方式來獲得他人的喜歡。

也許，無趣並不代表不被喜歡。一個人是由多個特質組成的，就算某個特質不被喜歡，也不代表他的所有特質都不被喜歡。

有的人因為有趣而受歡迎，有的人因為認真、因為真誠而讓人喜歡。同樣的，你也會因為你自身的特點，會讓身邊的人喜歡你。

有趣只是人的特點之一，擅長有趣就像有的人擅長彈鋼琴一樣，只是大家擅長的領域不同而已。一個人不可能具備所有好的特質，但每個人都可以透過自己好的特質來被人看見、被喜歡。有趣只是其中之一，不是全部。

除了有趣與否，你還可以找到其他被別人喜歡的特質。當你發現自己已經受到他人喜歡時，有不有趣還那麼重要嗎？為什麼非要透過有趣來獲得別人的喜歡呢？

與其努力改變無趣這個短板，不如轉身發揮自己的長處，更容易被人喜歡。

喜歡的表現是什麼呢？與人相處愉快、玩得開心、交流順暢，這些都是被他人喜歡的表現。那麼，這些表現的反面——說話平淡、沒有交談欲望、不愛說話，是否意味著不會被人喜歡呢？

交流順暢是一種喜歡他人的表現，願意在困難時幫助別人也是；陪伴是一種喜歡他人的表現，接納、尊重、不打擾、安慰都是一種喜歡他人的表現。兩個人之間沉默無言只是因為雙方性格、興趣愛好等原因所導致的尷尬，並不意味著其中一方不被喜歡。我有一些好朋友就是如此，平時很少聯絡，也沒有太多共同話題，當我需要他們的時候，他們總是伸出援助之手，這是一件讓人感到溫暖的事情。

因此，你可以找到許多被他人喜歡的特質，不要將自己能被喜歡的原因局限於有趣的交談上。有趣，或許是小孩子感知到自己被喜歡的方式，但作為成年人，你可以擁有更加豐富的互動方式。

無趣的人，從來不會註定孤單——只要他肯去發現，其實自己一直是被愛著。真正讓人感到孤單的，往往是那些不喜歡自己、看不到自己亮點的人，才會把別人的喜歡拒絕在外，只看得到自己身上的短板，久而久之就陷入自怨自艾中，然後體會到孤單。

你都不喜歡自己，又怎麼能發現別人對你的喜歡呢？

　　你需要學會看見自己，發現自己的價值所在。發現自我價值的過程，其實就是做自己的過程。能夠做自己，首先就是相信這樣的自己本來就是值得被人喜歡的。這樣的你，其實早就是有趣的人了。

　　最後，我們也找到了如何成為有趣的人的方法：成為你自己，而不是你羨慕的別人。能做自己的人，就是有趣的人。

03 當你想要改變自己，你便成為值得欣賞的人

在許多人的生活中，他們常常會自我嫌棄、自我否定、自我批評。他們不喜歡這樣的自己，甚至對此感到非常痛苦，並試著尋求幫助。作為一名心理工作者，我通常會說的第一句話是：「當你嫌棄自己時，我看到的是你渴望改變自己的願望，這是你非常勇敢的一面。」

改變是逆流而上的過程，需要付出能量，而擁有想要改變自己的勇氣，本身就是一件非常不容易的事。在這種情況下，我會先幫助他們重新定義自己，找到改變的動力。

當一個人找到改變的動力時，他會想出許多方法來幫助自己變得更好。然而，當一個人處於能量低落的狀態時，再多的方法也只是擺設。你需要的，是換一個視角重新審視自己，而改變自己需要知道的第一件事就是：你真的很棒！

當你覺得自己不夠好而想改變，或因此而感到自卑時，實際上是在證明——你真的很棒。我並不是單純地安慰你，而是有很多證據可以證明，當你開始嫌棄自己時，你正展現出一種出色的特質：你願意面對自己，並渴望變得更好。

你要知道的第一件事是，你非常勇敢。

「想要改變我自己」和「討厭我自己」之間蘊含的內在能量是完全不同的。

你需要知道的第二件事是，你是一個有主見的人——你知道自己想要什麼，知道自己對什麼有興趣，知道自己在乎什麼，知道自己為何而活。

當你因為自己的個性而自卑時，這意味著你是一個在意個性的人；當你因為自己不夠出色而自卑時，這意味著你是一個在意成長、出色的人。雖然你暫時還沒有實現自己的目標，但這些讓你自卑的地方，都是你關注、你想為之努力的方向。

一個對自己有清晰認識、會堅持自己的人，是一個有主見的人。

我的內心有所愛和執著，這難道不是一種幸福嗎？誰說幸福只是得到，有所關心和在乎本身，不也是一種幸福嗎？

如今，許多人感到困惑的是，不知道自己想要什麼，不知道自己為何而活，找不到生活的意義，感到空虛和迷茫。然而，一個能夠感受到自己不夠好的人，一個正在自我嫌棄的人，其實正在展現他內心的追求和熱愛。

當你知道自己想要什麼時，你只需要找到方法來實現目標，你的人生就會充滿意義——因為你知道如何讓自己快樂，你知道如何取悅自己。

那麼，一個人要怎麼樣才能獲得幸福？其實只有兩個步驟：

1. 知道自己想要什麼。
2. 為自己想要的東西而努力。

恭喜你，你已經完成了第一步。這難道不是一件值得開心和驕傲的事情嗎？

你需要知道的第三件事是，你沒有放棄自己。

什麼樣的人會自卑呢？只有那些想要改變的人才會感到自卑，放棄自己的人從不會自卑。

說到底，自我改變是人們想要變得更好的一種方式。一個人會透過不斷否定、批評自己來積極地改變自己，讓自己變得更好。換句話說，人們並不是因為喜歡自我批評才這麼做，而是認為這樣會讓自己變得更好。

通常在這種情況下，的確是有效的。而你的經歷也多次告訴你，被批評確實能讓你變好。你會發現，在你成長的過程中，很多改變都是從被指出錯誤（批評）開始的。當你的父母批評你時，你會努力改正自己，有動力去學習；很多人在備戰大考時，也會請求別人來監督自己；甚至許多人的手機桌布都是在督促自己：「快去讀書！看什麼看！」還有很多人在網路上請求別人批評自己。儘管批評不是完全有效的方式，但是在那個時刻，你會相信它是有用的，所以你選擇透過自我批評來推動自己積極改變。

當一個人自我嫌棄時，我們看到的是：他從未放棄自己，他有一個強烈想要改變自己的願望，並選擇透過自我批評的方式來積極改變自己。一個想要自我改變的人，對未來的自己是充滿希望的，而希望本身就是一件美好的事。

現在，你不僅完成了實現幸福的第一步，而且透過自我否定、自我批評的方式在進行第二步。儘管這方式可能不太恰當，但你需要尋找更好的方法來實現目標，比如「欣賞自己」。

我想以另一種方式來說明「自我嫌棄」：**我內心有熱愛和追求，我正在為我的熱愛而努力**。

你已經非常出色了，而且你可以變得更加優秀。

你想要改變自己，不是因為你不夠好，而是因為你想要實現內心的熱愛。

我們太習慣用否定來改變自己，而忽視了欣賞自己同樣能夠帶來改變。因此，當你有想要改變自己的願望時，你需要做的第一步是欣賞自己。

對你來說，自我欣賞可能很陌生，聽起來像不給你勺子的雞湯。但你要記住，欣賞自己，永遠不會錯。有些人可能會質疑，為什麼要改變自己？難道不能接受自己嗎？如果能變得更好，為什麼不試著去追求呢？

04 什麼時候接納自己的不完美

我們經常說要接納自己的不完美，但這是否意味著我們應該接受自己的平庸並停止改變呢？難道我們只能躺平嗎？

將一切不完美都視為「應該接納」是一種極端觀點，而將一切不喜歡的地方都「進行改變」則是另一種極端觀點。

關於接納與改變，我的態度是：改變那些能夠改變的，接納那些不能改變的。

對於一個不喜歡自己肥胖的人來說，不去減肥是一種自虐行為；而一個不滿意自己身高的成年人去努力增高也是自虐行為。不去做可以改變的事情是一種自虐，而強行去做那些無法做到的事情也是自虐。

當我們談論接納時，必須基於一個前提：這件事情無法或者無須再改變。

父母、伴侶、同事的性格，自己的身高、性格等是否可以改變，這取決於你的認知。如果你認為還有改變的餘地，你不需要接納，你可以嘗試去改變；當你開始覺得某些事情無法改變時，那麼你可以選擇接納。

有些人堅信伴侶的性格仍可以改變，所以他們不斷努力想改變對方；而有些人相信這是不能改變的事情，因此他們及時接納並調整了自己的期望。

有些人相信調皮搗蛋的小孩還有可塑的潛力，他們便竭盡全力去改變他；而有些人相信命運就是給了自己這樣的孩子，因此他們選擇及時做出適應。

能否改變並不是一種固定認知，在你認為還有改變的可能時，你可以去改變；而在你認為無法改變的情況下，你可以去接納。

強求，是偏執的表現。

有人可能會有這樣的疑問：如果你不努力嘗試，你怎麼知道能不能改變？如果你不全力以赴，你怎麼知道會得到什麼樣的結果？

我們該如何判斷能否改變呢？如果你堅持較真，只要你付出足夠多的努力，有些事情的確是可以改變的，但是你付出的代價很可能超出你所能承受的範圍。例如有些人不滿意自己的學歷，難道他們應該再花費六年的時間去攻讀碩士和博士嗎？這需要當事人自己權衡付出和收益。

你當然可以改變，但如果改變對你來說不值得或代價過高，那麼接納不完美的自己就是更好的選擇。接納自己的不完美取決於：你認為是否可以改變，你認為是否值得改變。

對於你認為可以改變且值得改變的事情，你不需要接納、不需要聽從他人的言論，而是努力改變，成為更好的自己。

05 一個人最大的魅力，就是他的自我

在我們的課堂裡，我經常聽到關於感情的痛苦情緒，他們會抱怨另一半自私、控制欲強。

D同學覺得他的丈夫非常自私，原因之一是：「我們約好了國慶假期一起去九寨溝玩。可是時間快到的時候，他突然說他不想去了。我計劃了這麼久，他怎麼可以說不去就不去了呢？他已經不是臨時爽約一次、兩次了。我覺得他非常自私，一點都不考慮我的感受。」

E同學說：「我好不容易下定決心來上課，但我的丈夫非常不支持我，說這種課程都是騙人的，還指責我亂花錢。無論我怎麼和他解釋，他都聽不進去。我只是想做我喜歡的事情而已，而且我沒有用他的錢，為什麼他還要指責我呢？我覺得他的控制欲特別強，我不知道該怎麼跟他相處了。」

實際上，這種控制不僅出現在伴侶身上，在與父母的關係中也常常存在。

F同學說：「我媽老是催我去相親，但我真的不想去。婚姻是我自己的事情，他為什麼一定要干涉我呢？」

在工作坊中，我經常會遇到許多類似的關係模式：當他們想做自己喜歡的事情時，身邊親近的人卻不支持；不僅不支持，還會反過來控制、指責和拖累他們。有時候，他們希望身邊的人能陪伴自己去做某件事，但這個願望顯然是奢望。

這時，我會產生好奇心：你經濟獨立，你擁有自己的雙腿，為什麼別人可以控制你呢？因為他們心中有一個默認條件，認為只有得到對方的同意，我才能去做；只有對方允許，我才能去做；只有對方支持，我才能去做，然後我會問他們：「那你自己想要做這件事嗎？」

你想去九寨溝嗎？如果想，你可以自己去。你想上心理課嗎？如果想，你可以自己花錢去。你想去相親嗎？如果不想，你可以堅決不去。這是你個人的事情，為什麼會因為對方不同意、指責或不支持，而放棄自己的想法呢？

他們會說：「那我們就會吵架啊！」

生氣是一個人的事，吵架是兩個人的事。

他們最多只會感到不開心、不滿意或發脾氣，但一個人怎麼會跟自己吵架呢？這時你只需要想怎麼去做你自己的事情，你可以解釋也可以不解釋，你可以徵求意見而非徵求同意。

你做不做是你的事，他生不生氣是他的事。

他們會說：「這簡直不敢想像！那不就會傷害到對方嗎？感情不就完了嗎？」對於D、E、F同學來說，雖然自己的想法很重要，但他們也非常關心：對方的情緒狀態如何，是否會受傷；我是否能得到感情上的滿足；我們的關係是否和諧；對方是否會離開我。

一旦他們想做的事情受到對方否定，他們就會去解釋。他們希望透過解釋獲得對方的允許和支持然後才去做。在他們的想像中，只要解釋清楚，得到對方的理解，他們可以既不傷害關係，又可以做自己想做的事。

很多時候，吵架都是為了追求和諧，但是真正要達到兩人關係和諧的方式是：只要你理解我，我們就達到和諧關係了。

有時候，我們真的很難得到對方的理解。當不被理解和支持時，有的人就會選擇妥協，但是他們無法實現自己想做的事情，妥協又會導致委屈和不開心，我把這種委屈的狀態稱為「沒有自我」。

妥協會帶來委屈。妥協一次還好，但是如果你經常妥協，你會幻想對方也會願意妥協，希望對方也會願意放棄自我，補償一下你所失去的自我。然而，對方很難像你一樣為你妥協而委屈自己，對方可能是一個很有自我意識的人，他很有自己的想法，他可以為了自己想做的事隨時傷害甚至犧牲關係。

D同學的丈夫不想去九寨溝，他並非沒有原則，相反地他很有原則。他的原則是「隨心所欲」，按照自己的感覺行事。那一刻他選擇了自己，而沒有選擇關係。

E同學的丈夫不希望妻子去上課，他勇敢地堅持自己的觀點。你可以認為他在控制和侵犯對方，但對他來說，他選擇了自己更看重的事情，阻止妻子亂花錢顯然更重要，而不是選擇關係。

一個人如何擁有自我呢？

他知道自己想要什麼，知道自己更重視什麼，願意為了自己更看重的事情做出選擇和犧牲，並對自己的選擇負責，這就是成熟和有自我意識的人生。

對於關係中的對方來說，他有時候選擇了更重要的是自己，而不是關係；他選擇滿足自己，而不是滿足你，這會讓你感憤怒和委屈，因為你失去了自我，無法堅持自己的想法，只好把堅持的權利讓給了對方。這時，你就允許對方傷害你了。

你需要知道，什麼對你來說是更重要的。

如果你覺得那一刻感情更重要，你可以選擇妥協。你可以放棄自己想做的事，陪伴他去做他喜歡的事，這樣你就能得到關係的滿足。

對於D同學來說，他可以放棄九寨溝在家陪丈夫；對於E同學來說，他可以不去上課，與丈夫一起省錢；對於F同學來說，他可以放棄自己的意願，去見媽媽介紹的相親對象。雖然放棄了自己喜歡的事，卻得到了自己更在乎的關係和感情。這就是為了自己更看重的東西做出妥協，而不是為了對方所做出妥協，因此就沒有什麼好抱怨的了。

如果你覺得那一刻自己想做的事更重要，即使對方會指責或威脅你，你依然可以堅持自己的選擇，堅持去做。同時，你要為暫時甚至永久失去對方做好準備。當你堅持自己的選擇時，即使沒有人陪伴，只有你一個人在做，但你選擇了自己最想做的事。無論你選哪個，實際上你都是贏家，你得到了你想要的，只是沒有得到全部罷了。

在關係中，讓一個人最痛苦的是，既想做自己喜歡的事又想保持和諧，還想要感情，還想要穩定，還想讓對方開心。更痛苦的是，自己想要的這麼多，自己卻不自知，只是試圖不斷地透過指責、解釋、說理、抱怨、逃避等方式來改變對方，希望對方能夠滿足自己的所有需求。

也許在某些時刻，你可以得到全部，但在成年人的世界裡，顯然無論你付出多大努力，始終無法得到所有的東西——放棄，就是每個人都必須面對的課題。

當所求不能兼得的時候，你必須學會放棄：要麼暫時放棄自己想做的事，要麼暫時放棄關係。

一直以來，你都有三個選擇。比如說你想去吃麥當勞，他喜歡吃肯德基，這一刻他選擇了更喜歡的肯德基而不是與你在一起，那你的選擇空間就變成了：

1. 選擇關係。妥協，放棄麥當勞，與他一起去肯德基。
2. 選擇失去關係。自己去麥當勞，放棄這次在一起的相處時光。
3. 選擇兩者兼得。想辦法讓他妥協，跟你一起去麥當勞。

妥協或不妥協，並不是判斷一個人是否有自我意識的表現。成為一個有自我意識的人不是絕對獨立、不考慮對方的感受，也不是為了愛情而委屈自己去犧牲，而是明白自己更看重什麼，並做出選擇。

當你選擇了關係，對方就無須再做選擇，他不需要再考慮你的意願，只需要去做他想做的事，他可以兩者兼得。

當你選擇了更喜歡的事情，對方也開始了他的選擇：如果他更在乎你和你的關係，他就會妥協，你們就會一起去做你喜歡的事。如果他更在乎他自己喜歡的事，你們就會暫時分開，各自去做自己喜歡的事。如果他兩者都要，既希望你陪又希望做他喜歡的事，他就會耍性子、會指責、發脾氣，會想改變你讓你妥協。

幸運的是，這不是決定人生的選擇，而只是當下的選擇。每次你都可以做不同的選擇，有時成全對方以獲得關係，有時成全自己去做自己喜歡的事。

無論你選擇哪一個，記住，這是你自己的選擇。

一個沒有自我意識的人，總是希望別人為他的需求負責，而一個有自我意識的人則願意為自己的需求負責。本質上，**有能力為自己帶來快樂的人，才是最具魅力的人**。這樣不也很好嗎？

06 什麼是做自己

同學Q說：「我覺得很累，同時也很焦慮。」

對他而言，「有用」成了一個難以跨越的障礙。他認為，浪費時間會妨礙他追求有用的過程。即使身心俱疲，他仍堅持學習、工作，做有意義的事情。

當然，同學Q並非每時每刻都保持積極。在浪費時間的日子裡，他會感到焦慮和自責，因為自責可以讓他覺得自己仍在進步。在自責的感覺中，他離「有用」也更近一些。類似的事情還包括不能娛樂、不能享受生活……甚至不能早睡。

睡覺被認為是浪費時間的行為，因為睡覺意味著不能再做事情，而熬夜則意味著還可以做更多的事情。還有，渴望賺更多的錢，進入更好的公司，去更大的城市發展，學習更多的知識，培養更出色的技能……各種出色的夢想讓同學Q感到絕望和窒息。

我問同學Q為什麼要堅持做「有用」的事情，他說：「做有用的事情，我就會成為有用的人，沒有人會喜歡沒用的人，沒用的人會被人忽視……」

在這一類的人看來，有用意味著對他人有價值——只有有用，才值得被喜歡。這時候，別人的喜歡更像是把人當成工具來看待的一種表現。

同學Q的行為就是成為他人的工具。對他而言，「別人是否喜歡我」是一件非常重要的事情。得到別人喜歡的前提是對別人有用，而為了獲得這些喜歡，他們願意也能夠做任何事情。

討好也是有用的一種表現。有用的人不僅透過優秀來滿足他人的期望，還會透過不拒絕、關心他人感受等方式來顯得自己有用，而同學Q對此樂此不疲，也沒有懷疑過這一觀點。

與「成為他人工具」相對應的就是做自己。成為別人的工具意味著將別人的喜歡放在第一位，而做自己意味著將自己的喜歡放在第一位。

做自己，意味著把自己的開心作為首要考慮因素。

當我想做一件事情時，我首先考慮自己是否喜歡、開心和滿意。我會適度考慮他人的期望，但這不會超過我對自己的考慮與在乎；如果對他人有用更好，但這不會超過我的感受。

如果我想做某件事情時，我會思考是否喜歡，而非是否浪費時間。我想做這件事情是因為在過程中我感到開心，其次才是考慮它對他人是否有用、是否受歡迎。

做自己意味著，在人際關係中，我喜歡你，所以我願意滿足你的期望，而不是為了得到你的喜歡而不得不滿足你的期望。

在做自己的過程中，我感到輕鬆、開心和愉悅，我活著是為了自己，而非為了他人。

對同學Q而言，似乎沒有任何空間讓他做自己。雖然他也有自己喜歡做的事，比如唱歌、旅行、談戀愛、與朋友聊天，但這些活動被認為太過浪費時間，他喜歡的事情只能放在後面。他也渴望任性、放鬆和拒絕，但這些會導致他人不滿意，讓自己變得毫無用處，所以他只能將自己的意願放在後面。

這一類的人心中永遠住著一個人，只有那個人滿意，他們才能做喜歡的事情，才能顧及自己的感受。然而，那個人似乎永遠不滿意。

做自己是有代價的，有些人真的不喜歡這樣的你。在他們的評價裡，你為了自己舒適而表現出來的行為被稱為墮落、懶惰、自私和任性。

有人認為，我變得出色、有用、順從是為了得到別人的喜歡，我也是為了自己而做呀！

追求別人的喜歡讓你感到安心，而非開心，這種安心意味著——我害怕。你對於他人不喜歡、指責、忽視、離開等這些情況感到恐懼，害怕失去他們。在潛意識裡你會覺得，沒有他們我無法生存。

你把自己的生死存亡與他人的喜歡綁在一起，為了生存，你必須先焦慮、努力和討好，成為一個在他人眼中「有用」的人，以此換取能夠安心生活的機會。安心是生存的保障，而開心是活著的意義。如果你一直追求安心，實際上，你從未真正活過。追求他人喜歡的過程會讓你筋疲力盡，耗盡你的一切，對同學Q而言，開心地生存下去是一件非常困難的事情。

一直以來很難喜歡你的那個人，也許是你小時候的父母、兄弟姐妹、老師，或是某個對你來說特別重要的人。對小時候的你而言，父母的開心和滿意是你生存的前提，照顧好他們的感受則是他們開心的前提。在他們看來，優秀、有用和順從是照顧好他們的前提，因此那時候的你為了生存，不得不將自己的生命與他們的喜歡綁在一起。

現在情況不同了，你已經成為一個獨立的成年人，你不再需要覺得失去誰的喜歡就無法生存。去做一些讓自己開心的事，比去做一些讓別人喜歡的事更加重要；讓自己開心，比讓自己安心更加重要。

你可以成為真正的自己，而不再是滿足他人期望的工具。

這並不意味著安心不重要，而是你不再需要依賴他人的喜歡來讓自己安心，因為他們的喜歡已經不能決定你的一切了，即使你仍舊希望得到別人的喜歡，這份期望也不再那麼沉重了。

我仍然同意有用的人會受到別人的喜歡，只是同學Q需要知道的是：當你做自己的時候，你對別人已經足夠有用了，你不需要刻意追求有用才能成為有用的人。

曾經，你的父母可能需要你非常、非常有用，但是現在，其實你只要「稍微有一點用」就已經足夠讓某些人喜歡你了。

07 自我否定有什麼好處

有人覺得自己不夠好，因此渴望做出改變，然而這種想法僅僅停在意識層面，真正潛意識中的想法卻是：我不能改變，因為改變會導致情況變得更糟。

意識和潛意識之間是衝突的，潛意識突然冒出一個主意：只要我一直走在自我否定的這條路上，永遠不讓自己抵達真正的終點，那麼我就可以保持「一直改變」但不會真正成功的狀態。

從表面上看，似乎沒有人喜歡自我否定，因為它會導致缺乏自信、自我消耗和負能量，給人不好的感覺。然而，在一些訪談中，我發現人們在自我否定的過程中會產生某種愉悅感。

喜歡自我否定的人總是在責罵自己，但是你問他們是否真的想要改變什麼，卻很難得到確切的答案。

我發現，會自我否定的人其實只是想要責罵自己，而沒有多大的動力做出真正改變。自我否定的人會沉浸在自己的傷心、難過、沮喪和壓抑之中，然後什麼都不想做，也不會採取實質的行動。他們沒有付出任何實際的努力也沒有改變的計畫，更不會思考從何處開始改變、何時開始改變以及改變多少。

這讓我感到困惑：是什麼動力讓他們一直保持（這麼長時間）的自我否定呢？是因為自我否定真的有很多好處嗎？

自我否定的第一個好處是，熟悉和確定。

在意識層面上，自我否定意味著「我想要改變」，希望成為理想中的自己。如果真的變成理想中的樣子了，人們的內心會感到愉悅和滿足，會體驗到「我是非常棒的」。然而對一些人來說，「我是非常棒的」是一種相當陌生的體驗，當他們真的變好了，內心反而會感到迷茫，不知道下一步該做什麼、該如何生活。

自我否定不同，雖然這令人難受，但是在這種熟悉的感覺中，人們知道該如何應對，這種狀態其實更符合「我本質上不是一個好的人」的既有認知。在這種認知之下，只有不斷自我批評才能讓內心感到安定，即使有人說「你很棒」，你也會去尋找自己的不足之處以符合自己的認知，好讓自己感到安心。

「我很棒」是一種陌生且不確定的感覺，「我很差勁」則是一種熟悉且確定的感覺，後者更有利於生存。人們追求的並不是結果，而是重複某種熟悉的感覺。熟悉帶來的好處是讓人有可控感，而可控感就是安全感。因此，在自我否定中，也可以獲得某種安心的感覺。

自我否定的第二個好處是，安全和免於懲罰。

自我否定的反面就是「自我接納」和「自我滿意」。如果你允許自己不夠好或者對自己感到滿意，那一刻，你的體驗確實是很棒的。但是，人是社會性生物，那麼身邊的人又會如何對待你呢？

一個人剛出生時，是對自己非常滿意的，但是隨著成長，每當他表達對自我的滿意時，就會有人對他表示不滿意：你怎麼可以這麼不求上進呢？你怎麼可以這麼糟糕呢？你怎麼可以不改進呢？你怎麼可以閒下來呢？你怎麼可以這麼驕傲呢？

如果你對自己滿意，你的父母會如何對待你呢？你會發現，無論你變得多好，他們總會挑剔你，總能找出你的不足之處來打擊你、嘲諷你、攻擊你，直到你學會自卑。隨著這種自我滿意受到打擊的經歷慢慢累積，你也無法確定，當你對自己滿意時，身邊的人會不會繼續打擊你。現實生活中也常常如此，當我們看到一個對自己充滿自信、表現出滿意狀態的人，就會有一種看不慣、不屑、想打擊的衝動。

自我否定則不同，當你開始否定自己時，別人對你的態度就會有所改變：他們不再打擊你，甚至會來安慰你。

自我否定讓人擁有了被原諒、被寬恕、被寬容、被安慰的可能性，而自我滿意代表了被打擊、被否定、被挑剔的可能性。

那麼，機智的潛意識會讓你選擇哪一個呢？

自我否定的第三個好處是，不冒險。

如果你開始不再自我攻擊，也許會發生這樣的變化：你的生命力開始綻放，你將不再陶醉於憂傷的小世界之中，聽起來讓人覺得很美好。然而，一旦你不再陶醉於自己憂傷的小世界，你會去做什麼呢？你會如何在這個廣闊的世界中安排自己？答案是，你會做不同的事情，遇見不同的人，開始體驗真正的生活。

走出自己的小世界，進入真實社會，意味著面臨挫折、困難和攻擊等危險。在這個真實的世界中，有歡樂也有痛苦，有陽光也有風雨，有成功也有挫折；在這個真實的世界中，充滿了諸多困難和不確定性。

那麼，你知道該如何應對這些挑戰嗎？你知道在面臨困難時，該怎麼辦嗎？你知道在別人攻擊你時，該怎麼辦嗎？當你遇到困難時，你會勇敢地面對，還是會逃避呢？在真實世界中，情緒會澎湃、激蕩，這些高強度情緒往往會超過自我否定所帶來的痛。

停止自我否定，關鍵從來不是去改變某個特質，而是要勇敢面對——敢於面對不確定生活的勇氣，敢於接受來自別人的質疑和攻擊的勇氣，敢於承接複雜、激蕩情緒的勇氣，敢於迎接生活中種種困難並想辦法克服的勇氣。

如果你還沒有準備好擁有這些勇氣，那麼，暫時或是繼續待在自我否定的狀態裡，可能更合適。因為這樣的你，看起來既有上進心、有事情可做，又有改變的意願，同時又不必面對真正的風雨，真是「一舉多得」。

08 表面在自我嫌棄，淺意識卻拒絕改變

有時候，我們對當前的狀況感到痛苦，於是產生了想要改變的念頭。然而，改變之所以沒有發生，痛苦依然在持續，不是因為你沒有能力去改變，也不是因為你不知道如何改變，而是因為你沒有花足夠的精力去思考、尋求幫助、學習如何開始行動——你沒有足夠的「動力」去改變。

如果一件事情帶給你極大且足夠的痛苦，讓你明白改變後境況只會更好，你就會想盡辦法去改變。你之所以會動力不足，是因為你的潛意識並不希望改變，即使你自己意識到自己非常想要改變，但潛意識卻在抵觸這種情況。我將這種改變稱為「口號式改變」，就是我們口口聲聲說想要改變，實際上我們不會付出太多的行動和努力。

你可以問問自己：「為了讓自己改變，我做了哪些努力？付出了什麼？有多大

決心？採取了哪些行動？」

你會發現，實際上你並沒有自己想像的那麼渴望改變。對於改變自己，當我們只是想想、抱怨一下，而沒有真正付諸行動時，我們就會變得非常消極。

關於改變，還有一件事情你需要瞭解：人們之所以沒有主動去改變，是因為他們認為當前的狀況是最好的。

我們想要改變，是因為我們只看到了現狀的不好，但是我們沒有看到現狀存在著另一面，即現狀保護著我們，讓我們避免遭受更大的痛苦。

現狀確實令你苦惱，但如果改變後你會陷入更大、更無法承受的痛苦中，你的潛意識便不會允許你這麼做，因此你不會真正想要改變。

潛意識的自我保護機制，就是在兩個痛苦之間，選擇相對較小的痛苦。

對某些人來說，他們不喜歡自己拖延，因此渴望改變。然而，一旦他們改變了拖延的習慣，行動開始變得非常果斷，他們就會陷入對自己行動不夠完美的焦慮中。他們擔心自己匆匆忙忙完成任務，卻無法做到盡善盡美，這種焦慮更難以承受，所以拖延成為他們避免焦慮的方式。

對於另一些人來說，如果他們不拖延，代表他們一完成一件事，就會馬上陷入下一段忙碌之中，不給自己休息的機會。對他們而言，拖延便成為他們唯一能夠休息的機會。例如，有些人賴床就是為了休息。

再舉個例子，比如焦慮。有些人不喜歡自己焦慮的狀態，總是告訴自己要學會放鬆，因為焦慮會傷害身體，會影響事情的進展。然而，一旦放鬆下來，他們會擔心事情做得不好怎麼辦。他們懷疑自己在放鬆狀態下能否把事情做好，會擔心事情做不好的後果比焦慮本身更難以承受，因此潛意識會選擇維持焦慮狀態。

焦慮只是當下的痛苦，但如果事情做得不好，將來會有更多的痛苦。你覺得哪種痛苦更容易讓自己接受呢？

還有一個例子，比如內向。有些人不喜歡自己內向的模樣，告訴自己要學會外向和社交。但是，一旦他們變得外向、積極參與社交，他們如何面對他人的冷漠和拒絕？他們能夠保證每個人都會歡迎他們嗎？

要知道，外向的一個顯著特點就是主動，而主動就有可能受到傷害。與其在人際關係中受傷，不如保持內向讓自己更舒適。因此，有些人會下意識地將內向作為避免在人際關係中受傷的一種方式。

再舉個例子，比如追求優秀。許多人渴望變得優秀，因為優秀可以獲得他人的認可。然而，優秀所帶來的不僅僅是認可，還有他人對我們更高的期望。對於那些為了他人的認可而追求優秀的人來說，他們能夠承受他人更高的期望嗎？

對於另一些人來說，追求優秀意味著曝光，曝光意味著更多的關注和挑剔。這是他們能夠承受的嗎？潛意識會覺得，默默無聞雖然孤獨，但總比優秀所帶來的壓力要好。

所有的症狀和現象在為你帶來痛苦的同時，也在保護著你。就像身體的疼痛、發炎一樣，你不喜歡這些身體的不適感，但如果你的身體沒有這些症狀，那將會更糟糕。如果沒有這種感受痛苦的能力，你就會陷入更大的痛苦中。

因此，**你需要開始欣賞你的問題，因為它在保護你**。

如果你真的想要改變，你必須放棄否定自己那些問題的態度，放棄透過否定、強迫自己的方式去改變。

你需要學會去欣賞，你的症狀是如何保護你的，它們有哪些好處。

你可以問自己以下三個問題：

1. 我自我嫌棄的地方是什麼？
2. 如果我不改變這個地方，我可以得到什麼？對我有什麼好處？

3. 如果我改變了這個地方，我會面臨哪些後果？

一開始，你可能會覺得思考這些問題很困難，但你可以靜下心來，仔細聆聽內心的答案。你會發現，對於許多事情來說，改變實際上會帶來更大的痛苦。在現有條件下，不改變反而是最好的選擇。

如果你仍然想要改變，不喜歡當下的痛苦，那麼你需要放下當前的好處，接受改變的風險，承受改變後帶來的另一種痛苦。

你在自我嫌棄的問題中得到了保護。現在，你可以做出決定，冒險一試，離開舒適區，進入另一種不熟悉、充滿風險和痛苦的新境界，那裡有未知，也有新奇。

你需要關注的是，你的問題是如何保護你的，而不是總想著一味擺脫它。

當你放下現在狀況所帶來的好處時，真正的改變才有可能發生。

09 你覺得我壞，我還可以更壞

當我們受傷的時候，用「壞」來形容傷害我們的人真的很過癮：你這是自私！不負責任……

我最近聽到幾位女性講述他們的故事：「丈夫跟他的女同事曖昧！他真是個花心的人！他不專一！」「丈夫每天晚上十一點多才回家，他根本不顧家！他不負責任！」「一個相親男在分手後，向女方要回送出去的禮物，壞人！」

聽完這些故事後，我也想和他們一起罵。但是，罵完之後呢？我們要和這些人繼續過日子，還是和平結束這段關係？我們要繼續戰鬥下去，還是放下武器？

罵一個人壞的確讓人爽快，但壞處卻是它有可能導致更糟糕的結果，例如激怒對方，讓對方報復，讓自己受到反噬。

說一個人「壞」之後，會發生什麼事呢？讓我們來換位思考。

如果丈夫和女同事曖昧，他被你評判為「花心」、「不專一」，那麼他下一步行動會是什麼？他會感到內疚還是抗拒你？他會收斂自己，還是變得更肆無忌憚？

如果丈夫每天晚上十一點多回家，被你評判為「不顧家」、「不負責任」，那麼他下一步行動會是什麼？他會考慮另一半的感受，盡量早點回家嗎？還是無奈地回家，但在其他地方逃避責任呢，或者是乾脆遠離家庭？

如果相親男在分手後要回自己送給女方的禮物，他被你評判為「渣男」，他會做出什麼反應？他會自覺改正自己，變得更好嗎？還是變本加厲？他會放棄索取禮物還是要求女方退還折價款呢？

我們不討論替對方貼上「壞」這個標籤本身的對與錯。你的定義只是你自己的一種觀點，在你的觀點中，你認為自己絕對是對的，但是你的「對」會反過來傷害到你。你是否願意接受一個糟糕的結果，只為堅持自己是對的呢？

和相親男分手的女生慶幸自己分手了，但如果他在分手時說了過激的話，激怒了相親男，最後是誰受傷呢？

對於丈夫在外與異性曖昧或晚歸的女性來說，即使他非常憤怒、不滿，但當家庭經濟生活依然需要丈夫支撐時，那麼透過離婚等方式解決問題是不可行的。

關係是互動的結果，你給一個人貼標籤、替他下定義時，實際上是在扼殺他。對那些內心脆弱的人來說，在被他人定義後會受到傷害，進而進行消極抵抗——他們會變得更糟糕，以此來表達自己，藉此獲得一些自主感。

當被定義為「壞」之後，有些人的反應會是：「你覺得我壞，我就變得更壞給你看。」所以，你宣洩憤怒的情緒，評價了他人，如果激怒了他人，你會受到他人憤怒的反噬。

那麼，應該怎麼做呢？在關係裡，可以從保護自己利益的角度來考慮問題，但表達時要盡量從好的方面來說。

對於發現丈夫和女同事曖昧的女性來說，他可以這樣對丈夫說：「你和女同事聊天時，我看到你保持了基本底線，沒有發生性關係，這說明你在克制自己，考慮到我的感受，關心我們的家庭，這是你做得很好的一部分。但是，你和女同事這樣聊天，我感到不舒服，希望你能關心我的感受，這樣我會更開心、更愛你，更願意照顧你。」

對於被相親男要回禮物的女性來說，他可以這樣說：「你是個很好的男孩，在相處的過程中，你對我真心付出，我非常感激，這讓我覺得你是一個善良的人。只是由於某些現實原因，我們不能在一起，我也很遺憾（或很難過）。這些禮物，你可以送給我，當作紀念嗎？」

這些話可能不會立刻產生作用，但至少不會加劇衝突，甚至有助於改變對方，其效果取決於你的真誠程度。

我建議這幾位女性說的並不是虛偽之言，而是希望他們真誠地發現，對方並不完全壞，他也有好的一面。

你能和一個人相處這麼久，一定是因為你真實地感受到了他身上的某些優點，因此你無須完全否定他。在表達時，內心的真誠是能被對方看到的。

當一個人的付出被看到時，他會感受到這種付出是值得的，他也會有進一步付出的意願。那些不能立即、完全切斷的關係，它本質上就是一種聯盟。你傷害他，就是在傷害自己；維護他的自尊就是在保護自己的利益；在言語上給予對方面子，實際上也是在幫助自己。

關係的核心在於，**你給出負面評價，負面就會加劇；你給出正面評價，正面就會放大**。除了對與錯和應該如何，你的內在需求也非常重要。

道理很簡單，但實踐起來卻很困難。因為在被錯誤對待後，我們無法再看到對方身上的亮點。失望、怨恨、憤怒、委屈充斥著我們的大腦，使我們失去了思考和判斷的能力。因此，要理智而清晰地引導關係，首先要有能力處理自己內心的失望、怨恨、憤怒、委屈，才能擁有成熟處理問題的品質。

10 難過可恥，但很有用

在我們的課堂裡有一位同學，我們稱他為D吧。他是一位活潑開朗、思維敏捷的女同學，大家都很喜歡他，D卻很煩惱。他覺得工作不順利，情感不順利，為此特別自卑、焦慮。

訪談中，D經常問我「怎麼辦」的問題：這個問題怎麼辦，那個問題怎麼辦。我回答他說：「我也不知道，這是你的人生，我沒有資格給你建議。但我想知道，你的『感受是什麼』呢？」

他說：「我沒有什麼特別的感受啊。我只是想知道我該怎麼辦，這樣我就可以採取行動，然後我就不會那麼糟糕了！」

他這麼表達時，總是一副歡快和漫不經心的樣子，我從他身上感受到悲傷，而他將這種悲傷隱藏了起來。於是，我請他再次體會一下自己的感受。

他說：「有點委屈，有點難過。對於我目前面臨的問題，我覺得很糟糕。」然而他並沒有在難過中停留太久，馬上補充道：「難過有什麼用呢？我只想知道該怎麼辦，這樣我就可以把問題解決掉了，我也就不會難過了。」

是啊，難過有什麼用呢？

當你遇到挫折、困惑時，你可能會感到難過，但認為難過似乎沒有幫助，甚至可能阻礙問題的解決進程，你便不願意自己感受到這種難過。

在物質世界中，我們會選擇丟掉失去實用價值的東西，比如過時的衣服或是壞掉的電子產品，它們毫無用處且占據空間，便會乾脆俐落地丟棄它們。

但是，你真的會輕易地扔掉每一樣東西嗎？並非如此。那些曾經重要的、承載著回憶的物品，它們在失去實用價值後，你也不會輕易捨棄。或許有些東西不再具有實際用途，但你依然保留它們，因為它們是你回憶的一部分。你明白這些物品雖然失去了實際用途，但並不代表它們真的毫無意義。

那難過呢？難過可能沒有實用價值，對解決問題也可能沒有幫助，甚至可能阻礙問題的解決進程。然而，難過同樣是你自己的一部分。難過的你、急於解決問題的你、渴望改變的你，都是真實的你。為什麼你更在意那個渴望改變的自己，卻對難過的自己漠不關心呢？難過的你不值得被看見嗎？不值得被關心嗎？

「難過的自己是沒有用的，所以我不想要他了」；「沒有用處就不再需要」這種感覺，你覺得熟悉嗎？

Ｄ說：「我出生時，媽媽發現我是個女孩，他覺得特別羞恥。後來，媽媽跟我說，他看都不想看我一眼。」

「女孩沒有用」，所以媽媽不想要、爸爸不想要、大家都不想要，「沒有用的人應該被拋棄、被忽視」。「沒有用的就不要了」這種觀念在Ｄ所處的家庭中一直存在，Ｄ也接受了這種觀念，於是他只能透過展示自己更有用的一面來證明自己不比弟弟、不比其他人差，從而獲得生存可能。他成為家裡的小母親、家務小能手，他懂得關心他人，做事毫不遜色於其他人，各個方面表現出色。

Ｄ獲得了父母、鄰居、朋友以及社會的認可，每當父母因他而驕傲並向親朋好友炫耀時，Ｄ感到既開心又失落，但他內心深處仍有一絲恐慌：「作為一個沒有用處的女孩，我是否值得被愛？如果有一天我變得沒有用了，你們還會喜歡我嗎？」

我跟Ｄ說：「如果你沒有用處了，我不知道別人喜不喜歡你。但此刻，你不喜歡難過的自己，因為你認為難過沒有用，你不喜歡沒有用的自己。」

D不喜歡生氣的自己，因為生氣的自己沒有用；不喜歡委屈的自己，因為委屈的自己沒有用；不喜歡軟弱的自己，因為軟弱的自己沒有用；不喜歡抱怨的自己，因為抱怨的自己沒有用。凡是沒有用的自己，D都不喜歡，於是D就成了一個不矯情、不抱怨、做事果斷、才智過人的做事機器。

每種情緒都是你寶貴的一部分，值得被珍視。正是這些情緒讓你變得完整，即使你不喜歡某些情緒、感受，也不代表它們不應該存在。

我向D提出建議：「當你對自己面臨的問題感到困惑時，先問問自己：『我怎麼了？我有什麼樣的感受？』比起行動和做事，你的感受也同樣重要。你的快樂、委屈、悲傷、憤怒，都是有意義的。」

D說：「只有解決了問題，我才能不再難過。」

這正是D的悲哀所在。他只有透過解決問題來撫慰自己，只有事情解決了才能拯救他的心情。從小到大，D只有一種安撫自己的方式：做事，一直做事……

我問D：「當你的孩子感覺到難過時，你會如何安撫他呢？」

D說：「我會告訴他該怎麼做，解決問題就好了。」

於是，D的孩子，孩子的孩子，可能都不再擁有感受難過的能力了，因為難過被他們認為是沒有用的部分，而這也是D早年的經歷：只要事情做好就行了，沒有人在意你是否難過。

D疑惑地問我：「難道除了解決掉事情以外，還有什麼其他的方式可以讓自己開心、不難過嗎？」

我說：「我不知道如何解決問題，但我願意傾聽你的故事。」

傾訴和傾聽或許不能解決問題，但對心情確實很有幫助。急於解決問題會抑制自己的情緒。問題也許會解決，但與內心的距離會更遠，而傾訴心情，能夠讓人看見自己的情緒。當人的難過被看見了，心情也會變好，心情好了，問題也許會有更多解決方案。

允許自己難過，也許不是直接有效，但最終會有所幫助。

11　走出急性子的焦慮陷阱

內在的焦慮多了，人就會成為急性子。

有很多人說自己脾氣比較急，責備自己的焦慮情緒。他們認為急性子是不好的，做事情匆匆忙忙，結果效果不佳。而且焦慮情緒上來時，還容易發脾氣，一點干擾或評價就能讓自己爆炸。

習慣性焦慮導致外在便難以把事情處理好，內在則是讓自己容易感到疲憊、沮喪和挫敗。焦慮一段時間後，人們開始懷疑自己是否一無是處，也會失去動力不想做任何事情，接著開始思考：我是不是真的那麼糟糕？

的確，急性子有一些不好的地方，但是改變急性子的方式肯定不是嫌棄自己。我們要改變一個問題，首先要理解這個問題，只有理解急性子的本質和焦慮的原因，才能找到改變的切入點。

那麼，為什麼人會變成急性子呢？為什麼容易感到焦慮？

一個人性子急通常具有以下三個特點：

首先，有很多事情要處理。

在現實生活中，人們一生要面對無限多的事情，只要活著，就得一件件地做，直到死亡。然而，人的內心容量是有限的。如果在某個時刻，你的內心同時裝著許多事情，你就容易心急了。

你的心有多滿，你就會越容易著急。這種感覺就像是，剛做完這件事，又有下一件事等著做；這段時間忙完了，接下來還有下一段時間要忙，每天都像陀螺一樣不停地做事情。

其次，時間不夠。

如果事情很多，時間充裕也沒關係。一件件地來，一點點地做，一年不行就兩年，兩年不行就三年，這樣就不會因為事情多而成為急性子。但是如果你不能給自己更多時間，你就會想要盡快完成任務，以便留出更多時間來做其他事情，你的內心就開始焦慮，容易變成急性子。

從客觀角度來看，確實有些事情是緊急的，比如搶救、趕火車等。但緊急的事情不是常態，緊急的事情一旦處理完，焦慮就會減輕。然而，如果每件事情都時間不夠，這種慣性焦慮就會發展成急性子。

最後，對自己的要求很高。

如果事情很多，時間又不夠也沒關係，降低對事情的要求會更從容一些。或者不一定要做得非常完美，只做到一定程度，也不會成為急性子。

有些人不僅要完成許多事情，還要在最短時間內完成，而且要達到某種水準。當自己的能力無法支撐達到這個標準時，就只能焦慮，於是發展成為急性子。

一個人內在的焦慮發展成急性子，其實是要處理的事情太多、時間又不夠、對事情的要求又很高的綜合結果。因此，想要透過責備自己來改變焦慮，這樣只會適得其反。

自責的本質就是在催促自己，而催促自己會讓自己更加著急、更加焦慮，希望以更短的時間完成目標，從而時間更為緊迫。

在自責時，你體驗到的是自己的無能和挫敗，這時候你會想要做更多的事情來彌補自己，證明自己不差勁，結果又增加了要做事情的數量。

自責時，還會不自覺地與他人比較，勾勒出一個「正常的我」、「理想的我」

的形象，希望達到這個標準，無意識地提高對自己的要求。

因此，責罵自己實際上會讓自己進入更加焦慮、更加匆忙的惡性循環，讓自己內心難以承受，更加難以應對他人的干擾和挫折。當內心負擔達到臨界點時，人們不得不選擇自我毀滅式的想法來結束一切：我不適合做這些，我不適合在這裡，我想離開。

緩解內心焦慮、讓內心獲得平靜，需要做出一些調整：

第一個調整是減少負擔。

花些時間列舉你現在想要做的事情、心裡裝著的事情，然後逐一劃掉其中大約百分之六十的任務。雖然有些事情你可能捨不得、感到不甘心，但你需要替自己減輕負擔，因為你並不是超人。這樣一來，你會感覺到肩上的負擔減輕了很多，其實你並不需要做那麼多事情。

第二個調整是放慢節奏。

將你預計的時間延長到原先的二至三倍，甚至更多。

你需要給自己時間來好好成長，就像一朵花一樣，陪伴自己慢慢綻放。

人生是漫長的旅程，此刻的慢不代表整個旅程都會慢，即使整個旅程都慢，也是適合你的節奏，因為你和別人不一樣。如此一來，你會感覺到壓力減少了很多，你會開始意識到成長的過程也可以去享受，不一定要急於尋找結果。

第三個調整是降低標準。

人最容易陷入的陷阱之一就是與他人或理想中的自己進行比較，總覺得只有這樣或那樣才是應該、正常的。你心裡設定了宏偉的目標，潛意識裡卻因感到害怕而退縮——你需要適當降低標準。

調整的過程實際上是自我關愛的過程，而責怪自己則是自我虐待的過程。

你更傾向於哪一種呢？

12 恐懼在提醒你，其實你沒有那麼強大

經常有同學說，他們的內心充滿了恐懼。有些人害怕被指責、否定或批評；有些人害怕自己不夠優秀，擔心未來財務困難或老了會孤獨；有些人害怕變動，害怕與人發生衝突，害怕被關注；有些人甚至害怕意外，如坐飛機時害怕發生事故，開車時怕出車禍，甚至走路時怕被看板砸到；有些人在夜晚害怕有鬼，害怕黑暗。

內心充滿恐懼的人常常過著小心謹慎、艱辛的生活，這些恐懼可能難以表達和理解，甚至連他自己都不喜歡這些感受。這些害怕消耗著人的精力，降低了幸福的品質。實際上，內心的恐懼意味著缺乏安全感。你可能覺得周圍環境不安全，未來不可預測，陌生人不可信任，甚至自己都無法保護自己。

當我們感到危險時，第一反應是保護自己。對於能輕鬆應對的危險，我們並不會感到害怕。但人類的本質是脆弱的，我們無法應對所有的危險，這時我們就會感

到恐懼。

恐懼是因為潛意識感知到自己的能力無法應對外界的危險，因此，恐懼也在提醒我們：此刻，我很脆弱，我無法應對外界潛在的危險。

當你感到自己脆弱無助時，你會如何對待自己？有些人不喜歡自己的脆弱，他們會強迫自己變得堅強，要求自己勇敢面對，勸說自己不要害怕。這些人試圖強迫自己做一些超出自己能力範圍的事情，他們不願意照顧自己的脆弱。

因此，恐懼也在提醒你：你正忽視自己的脆弱，孤身一人艱難堅持。你在強迫自己面對害怕的事情，害怕的感覺會不斷出現，不斷提醒你——危險、危險、危險——你目前的能力無法控制這些事情，請你不要再勉強自己。

這些事情可能看起來不可怕，但對你來說，它們確實構成了一種危險。因此，你需要尊重自己的感受。表面上來看，害怕被指責看似並不危險，但在某些人內心深處，被指責卻被視為非常危險的事情。這時你需要關注自己，不要讓自己繼續處於充滿指責的環境中。

害怕只是在告訴你不要再強迫自己，你也只是個普通人，無法應對這些事情。

你需要承認並尊重自己此刻的脆弱。

那些看似普通的事情為何會觸發你的脆弱呢？可能有兩個原因：

1. 你總是照顧他人，沒有多餘的精力照顧自己。

2. 你不懂得尋求幫助，因此沒有人來保護你。

一個內心充滿恐懼的人，外表常常有著強者形象。

他們非常關心他人，善良而體貼，會照顧弱者。在別人眼中，他們是細心而強大的，總能帶給別人安全感；他們盡量不給別人添麻煩，而將麻煩留給自己；他們覺得別人的事情比自己更重要，他們可以幫助別人排憂解難；他們是眾人眼中的大哥，以至於他們常常相信自己真的很有能力。然而，你的能力只代表你知道如何應對這些事情，並不意味著你有足夠的能量來不斷被他人消耗。

當你只將強大留給他人時，只會將脆弱留給自己。

這時，恐懼在提醒你：請不要忘記，你也是弱者，你也需要被保護和安慰，你卻已經忘記了，你經常透過關心他人來掩飾自己的脆弱。

你的恐懼不斷提醒你：「不，你也是弱者」，每一次恐懼都是在提醒你，你是一個活生生、有血有肉的人。肉體本就是脆弱的，何必要將自己變成一塊鋼鐵呢？

你看起來堅強，並不意味著你真的堅強。

每個人都是孩子，都會面對無法應對的困難，都會有脆弱的時刻，這時你最需要的是尋求說明，找到一個此刻能保護你的人。有些人在想到「求助」時會觸發羞恥感，那其實是對自己的脆弱所產生的厭惡。

逞強，只是因為不懂得尋求幫助。

當你逞強時，實際上也投射出你認為身邊的人非常脆弱，沒有能力來幫助你。當你展示脆弱時，他們會更加脆弱。因此，你不得不偽裝自己強大，同時幫助那些脆弱的人。這種經驗告訴你，如果你告訴父母自己過得不好，他們的脆弱會被激發出來，讓你反過來照顧他們。

當你逞強時，你可能還投射了身邊的人冷漠無情，沒有人對你感興趣。當你展示脆弱時，他們可能對你不耐煩，覺得你給他們添麻煩了。因此，你不得不隱藏自己的脆弱，只剩下堅強。這種經驗告訴你，你不需要告訴父母自己過得不好，因為他們已經足夠讓你操心了，你只能先幫助他們。

這些經驗已經過去了，現在，你身邊的人也許已經不同了。現在你身邊有很多願意幫助和保護你的人，你需要去發現他們。

我們要學會感謝內心所有的害怕，它們在提醒你：

1. 即使這種脆弱看起來是不正常的，你仍需要承認自己有時是脆弱的。
2. 即使照顧別人是應該的，你仍需要停止消耗自己來照顧別人；
3. 即使這與你的形象不符，你仍需要求助，告訴別人你也需要被安慰、需要被保護。

你需要確認的是，此刻你可以向誰表達你的脆弱？有誰值得且是你願意信任的對象？有誰知道你的脆弱後不會評判你，反而會安慰和幫助你？

如果沒有，至少你可以不再強迫自己去做害怕的事情，讓自己安心一點，蜷縮在某個地方也是可以的。

你也可以成為一個脆弱的人。

至少，你可以停止優先保護別人，因為你也需要保護自己。

你也可以成為一個不那麼熱心，甚至有點自私的人。

13 害怕衝突，其實是一個優點

有一個朋友對我說，他特別害怕衝突。每當被別人欺負時，他總是能在事後想到各種反擊的話語，但是在發生衝突的當下感到無所適從，覺得自己非常懦弱。

我告訴他，確實挺懦弱的，而且他好像並不喜歡自己的懦弱。

我想談談我對懦弱的理解。面對衝突時，懦弱的人傾向於選擇沉默和逃避，不進行反抗。我認為懦弱是一種優點，因為懦弱的人懂得珍惜生命。我認為生命是世界上最寶貴的東西，而懦弱的人潛意識中也有這樣的認知。當然，這並不意味著敢於應對衝突不好。勇敢也是一種優點，而懦弱則是另一種優點。

面對衝突，一個人通常有兩種選擇——應對和逃避。前者經常被認為是強大和勇敢，而後者經常被認為是懦弱和怯懦。但是應對衝突就一定是好的，逃避衝突就一定不好嗎？並不一定。

首先，我們來談談為什麼有些人害怕衝突。害怕的人在衝突中通常處於失敗或受損的一方，而經常在衝突中取得勝利的人不會害怕衝突。當你被人欺負時，你會遭受資源上的損失，也可能是自尊上的損失。你感受到的損失越大，你對被欺負的事情就越在意。

那麼，應對衝突能讓你擺脫損失，甚至獲得利益嗎？有三種可能性：

1. 你面對衝突，對方認輸或妥協。你獲得了利益，這是最好的結果。這樣的你堅強又勇敢，智慧又聰明。

2. 你面對衝突，對方沒有改變，你仍然沒有得到任何東西也沒有失去什麼。這樣的你雖然沒有贏，但你嘗試了，全力以赴，為自己維護了權益，也非常勇敢。

3. 你面對衝突，對方對你造成了更大的傷害，你遭受了更大的損失。就像雞蛋碰石頭，我不知道此時讚揚你的勇敢，是一種表揚還是一種諷刺。

最好的方式當然是研究對方是什麼樣的人，瞭解自己和對方實力的差距，然後理性地決定是衝突還是妥協。

選擇面對衝突並不是零成本的，一旦你選擇面對衝突，你就需要投入時間、付出精力等。選擇衝突是一場投入與收益的博弈，你的投入換來了對方的妥協，你就得到了收益，自然很好。但如果對方仍然沒有任何改變，那你就在現實中損失了大量精力去做一件沒有結果的事情，實際上這樣也是有虧損的。如果對方因此對你造成更大的傷害，那你的損失就更大了。

從現實角度來看，當你選擇衝突時，只有第一種結果是有收益的。但是，第一種結果發生的機率有多大呢？那些不敢面對衝突的人會評估第一種結果發生的機率很小，所以他們選擇了損失更小、更安全的方式，即逃避衝突。

投身股市的人每天都在面對博弈，股市是本金和收益的博弈，一旦你的本金進入股市，就有盈利和損失的可能性。當股市開始下跌時，你會怎麼做呢？你有兩個選擇，止損和加碼，那哪一個更好呢？

止損意味著逃離現場，此時你產生了一定的損失，但你的損失固定在這個範圍之內。加碼則更具挑戰性，有三種可能的結果：股市開始上漲，你跟著獲利；股市進一步下跌，你的損失更大；股市開始盤整，雖然表面上沒有損失，但你投入的資金沒有利息，相當於變相損失。那麼，當股市開始下跌時，到底是選擇及時止損離場更好，還是選擇加碼進場更好呢？

兩者都可以，這是不同的投資策略。作為非專業人士，我認為及時止損更好，沒有人能夠一直保持盈利。根據我的非專業理財經驗，當市場看漲時獲利止盈，當市場看跌時止損離場。社會大環境是朝氣蓬勃的，只要你在上漲時盈利多於下跌時的虧損，你就能保持總體盈利。那些冒進的人有機會賺大錢，也有可能輸得只剩下內褲，這完全是兩種不同的理財風格，你不能說哪一種更好。

能夠及時止損的人雖然會有一些損失，但這是一種智慧。從長遠來看，及時止損的人也能獲得財富。當然，富裕的程度也取決於你個人的底子。

你害怕損失，這表明你是一個保守型的投資者，也一個穩健型的投資者，但這是一個缺點嗎？

在生活中遭受欺負時，到底應該如何應對呢？是懦弱地忍氣吞聲，還是勇敢地硬氣對抗呢？只有真正瞭解自己和對方的人，才適合選擇硬氣對抗，但是這種方式非常消耗精力。人的精力是有限的，這意味著你必須在其他方面做出一些犧牲，結果卻並不一定是好的。

識時務，這是一種生活方式；不屈不撓，是另一種生活方式，兩者都是好的。

懦弱或者勇敢，只是代表你是哪一種「處事風格」的人，你擁有的那種風格就

是最好的。如果你害怕衝突，你可以選擇逃避、離開衝突場景，這是你的「止損」策略，是你保護自己的方式。

生活中不僅僅有衝突，還有欣欣向榮的時刻。花大量時間和精力去處理衝突，勇敢地面對，這是一種生活方式。而在你不擅長的領域回避衝突，選擇在更廣闊的領域展現自己，雖然在衝突這方面你可能會有小損失，但在更廣闊的領域之中，你會彌補這些損失。你不可能在每個領域都取得勝利，只要在一部分領域中獲得成功，你就是人生的贏家。

我告訴這位朋友，你是否希望，包括衝突在內的每個領域都獲勝呢？

他思考了一下，確實是這樣。在衝突時，他感到懦弱，但他無法接受自己的懦弱，無法接受在某些領域裡不如別人。實際上，這是他內心的不甘心，無法接受在衝突方面不能勝過對方。

人生何必總是追求勝利呢？世界如此廣闊，去做自己擅長的事情就好了。懦弱和勇敢一樣都是一種智慧、一種優點，一種最適合自己的方式。

第二章

我需要付出，也需要回報

01 為什麼會有不情願的愛

在對待父母、孩子和伴侶時，我們通常認為自己是愛他們的，但在日常互動中經常也會有一些不愛的念頭和行為，讓我們開始懷疑自己是否真的愛他們。比如，明明知道他們非常需要我們，但我們卻不願意給出自己所能給的。

在親密關係中，很多時候你明白對方之所以表現出某種行為，其實是想要你的陪伴、尊重、關心等，但有時候你並不想滿足他們的要求。

你知道應該怎麼做，知道怎麼做是對的，但就是不想去做。你明白怎麼做有利於關係發展，對自己也很有好處，但你不願意那麼做。如果你用「不愛他們」來說服自己理解與伴侶之間的關係，或許能勉強接受。

這種情況，在親子關係中也經常發生。明明知道孩子想要你的陪伴，但你非常抵觸；明明知道孩子需要你的認可，但你不願意表達。這樣的情況讓你常常懷疑，自己是否真的愛孩子？對父母也是如此，我們明明知道父母需要我們打個電話關心一下，但內心非常抗拒，不想打這個電話。

如果對方需要的是你要有巨大的犧牲，而你無法給予，這的確是可以理解的。其實，對方需要的並不是要你做特別困難的事情，通常都是很正常的需求，但你還是不願意滿足。

有時，你會為此感到困惑和自責。

你沒必要自責，因為這是你潛意識的自我保護機制。你只是想對自己好而已，而對自己好並沒錯。你抵觸給予，只是說明在那一刻，做那些事對你來說很困難。這其中有兩個關鍵，即「在那一刻」，還有「對你來說」。

也許在其他時候你能夠給予，但「在那一刻」你沒有足夠的能力去給予，而你有能力給予，並不意味著你每一個時刻都有能力給予。也許對別人來說，這些事情很容易，但「對你來說」並非易事。

你需要學會尊重自己在那一刻的狀態，而不是拿其他高光時刻來說服自己，也不要用別人的標準來強迫自己。

當然，你也可以選擇強迫自己給予。

有些媽媽會強迫自己陪孩子、稱讚孩子；有些伴侶會強迫自己關心對方、忍著自己的需求來尊重對方。只要你努力強迫自己，這些你也可以做到，但強迫自己的結果，就是你會更加痛苦。

當你開始自責「為什麼無法給予」時，其實你已經在暗示自己要強迫自己了。你的自責實際上是在說：「為什麼我不能強迫自己一下呢？為什麼我不能讓自己更加痛苦一些呢？」

從這裡來看，你可以理解為什麼自己無法給予，因為你的潛意識不希望自己承受痛苦，它寧願讓你做得「不對」，也不希望讓你承受痛苦，而這正是你愛自己的方式。

如果你非要強迫自己給予，你便會感到痛苦。對方呢？他們會因為你的付出而變得幸福、開心和滿足，就像嬰兒吃飽喝足後露出滿意的笑容那樣。那麼，對你來說這又意味著什麼呢？

你用痛苦換來了對方的幸福，而你自己會更加痛苦。你在承受痛苦，卻為另一個人創造幸福，這樣的行為並不符合人性。你不能這樣做，你的潛意識會產生嫉妒之情，而為了避免這種情況發生，人們通常有兩種方式來保護自己：

1. 我不給予，不讓你體驗到滿足和幸福的感覺。這樣你就不會幸福，我也不會因為看到你幸福而感到痛苦，但這樣會顯得我比較自私。

2. 我表面上給予，實際上剝奪你的幸福感。這樣既凸顯了我的偉大，又不會讓你感到幸福，但這是一種扭曲的心理。

舉個例子，孩子向媽媽索取零用錢，媽媽捨不得給，但這個需求是合理的，媽媽會勉強給予。孩子拿到零用錢後會開心，這時媽媽會立刻補充一句：「我們家賺錢很不容易，你要省著點用，你要好好用功讀書，將來要孝順……」雖然孩子得到了零用錢，他卻無法開心地去享受。

有些人會強迫自己陪伴伴侶和孩子，因為他們認為這是正確的作法，然而對方並不一定會因此而感到開心。如果在陪伴過程中，對方表達有其他需求，他們會立刻爆發：「為什麼你這麼多事啊！你還想怎麼樣啊？我已經放下自己的事情來陪你了你怎麼還不滿足？你怎麼這麼自私啊！」

一個勉強自己給予愛的人，並不會允許對方享受這份愛。

除了強迫自己給予愛會帶來痛苦外，自身的匱乏也是一種痛苦。當你責怪自己為什麼無法給予愛時，你也忽略了自己其實也很需要愛。

當一個人給予他人自己所匱乏的東西時，他會感到困難，而這與是否愛對方並無關聯。就像我們再愛自己的孩子，可能也無法給予他們購買豪宅所需的資金。

當你不想給予愛時，你需要思考的不是「我應該怎麼做」，而是「我自己是否也缺少愛？我應該如何滿足這部分的缺失？」這時，你便擁有了關愛自己的機會。

如果你不願意向伴侶道歉，那麼你會意識到其實你也很少被道歉；如果你不願意給予父母關心，你會意識到你也渴望被關心；如果你不願意給予孩子陪伴，你會發現自己也非常需要陪伴。

不願意滿足他人需求時，實際上是在學習如何關愛自己。每次你不想給予時，便是在表達「其實我很缺乏」。不願意給予愛並不是你的錯，而是你的缺失。如果你想學習如何給予你所愛之人愛，你首先需要學會「如何滿足自己愛的需求」。

第一步是正視自己的需求，如果沒有這一步，再多的方法也無濟於事。很多人對自己的需求感到羞愧，無法將自己的需要放到重要的位置上。

第二步是尋找方法滿足需求，你可以向對方或其他人尋求，也可以透過自我分析找到方法。關鍵是，你要明白：方法有很多種，**只有先照顧好自己，你才可能有願意照顧別人**。

02 現實換現實，情感換情感

有一位同學說：「我很努力地經營著親密關係，下班後替老公做飯，老公想吃什麼我就煮什麼，總是盡量滿足他的需求。老公很顧家、愛孩子，但我發現只要我們關係一變得親密，他就開始不接納我，總是嫌棄我。」

我想告訴這位同學，你辛苦了，你付出了太多了。

關係中的低效付出，通常會傷害到自己。首先，關係並不容易進行交換，或者說它本身並不能用來交換。這位同學希望透過為老公做飯來換取對方在情感上的接納和認可，但最終沒有實現，因而感到非常傷心。我非常不推崇透過交換的方式來獲得愛。其次，即使透過交換來獲得愛，也應該使用一些更高級的方式。

關係中的付出有兩個層面：

1. 現實層面，即在現實生活中為對方做事，讓對方省時、省力。

2. 情感層面，即你的行為讓對方感受到被認可、接納和重視。

這兩個層面並不是一一對應的關係，如果混淆了，你會容易傷害到自己。

這位同學有一個無意識的觀念：透過為老公做飯來換取他的接納和認可。為老公做飯是現實層面的付出，其出發點是讓老公吃得飽、吃得好。然而，老公給予他的接納和認可屬於情感層面——用現實來交換情感是非常困難的。

在感情中，我們需要把握一個原則：**現實交換現實，情感交換情感**。

如果你試圖透過做家務來獲得對方的認可，這就是現實層面換取情感層面。如果你用照顧老人來換取理解，也是現實層面換取情感層面。用現實層面的付出換取情感層面的回報非常困難，你所能夠實現的是在現實層面上進行交換。

你為對方付出了很多，這可以換來什麼呢？最多可以換來他在現實層面上為你付出。簡單來說，你為他做一些事情，他也為你做一些事情。然而，這種交換並不是自動發生的，需要我們主動採取實際行動來進行交換。

你為對方做了一頓飯，你可以要求他也為你做一頓飯，或者給你一些錢、買一個禮物。如果你認為為對方做飯是希望他主動用現實層面來交換，那會非常困難。

當然，並不是說現實交換現實一定能夠實現，而是需要你主動出擊，表達自己的現實需求。相比於幻想對方主動來與你交換，用情感層面來交換會更容易一些。

如果你非要用現實層面來交換情感層面，那也不是不可以，只是通常會帶來求而不得的痛苦。你若想獲得對方的重視、理解和認可等，最好的方式就是採用情感交換情感。

透過給予重視，比為他做一頓飯更容易得到他的重視；透過給予認可，比為他做事更容易得到他的認可；透過給予理解，更容易得到他的理解。

那麼，如何用情感交換情感呢？

非常簡單，你在做這件事情時，你的出發點是讓對方體驗到某種情感滿足。你為他做飯，他可以吃飽，但他有感覺到被重視嗎？如果你做了飯，他只是吃飽了，沒有感受到被重視，對他來說你只是實現了現實層面上的付出。

你照顧老人和孩子，你實現了現實層面的付出，雖然很辛苦，但對方感覺到自己被支持了嗎？在做這件事情時，如果你的出發點是讓他體驗到情感滿足，那麼你是在實現情感層面的付出；如果你的出發點僅僅是完成這件事情，那麼你是在實現現實層面的付出。

圍繞著你的出發點，你可以更加精確地且避免無效的付出。實際上，出發點只是其中的一小部分，更重要的是對方能夠體驗到什麼。我之所以稱其為出發點，是因為出發點相對容易把握。

那麼該如何去做呢？

首先，你要瞭解自己的情感需求是什麼。你需要對自己的情感需求敏感，這樣才能更好地理解別人的情感需求。

如何知道自己的情感需求是什麼呢？

在態度上，你要重視自己，你想要什麼比你應該做什麼更重要；在技巧上，你需要保持覺知，並學習一些方法來覺察自己內心真正的需求。

想要擁有良好的關係，可以用一句話概括：清晰瞭解自己的情感需求，清晰瞭解對方的情感需求，進而滿足對方的情感需求。

03 冷暴力，其實就是失控的在意

冷暴力是一種讓許多人都難以忍受的暴力形式。

忽視、敷衍等行為常常被認為是冷暴力的表現，對方會消失不見，即使不消失也沉默寡言，回應時也只說一、兩個字，多說也只是敷衍了事，然後就不再交流，這些行為非常折磨人。

在遭受冷暴力時，你會覺得自己變得無關緊要。

冷暴力是如何被定義的呢？一個人不想與你交流，就被認為是暴力嗎？我喜歡的女孩不理我，這讓我很受傷，我是否遭受了冷暴力？對方什麼都沒做，卻被稱為暴力，對方會有什麼感受呢？

冷漠不一定構成暴力，冷暴力是站在受害者角度去為某種行為下的定義。

實施冷暴力的人，不一定意識到自己在實施冷暴力，他們可能只是單純地不想理你。他們可能覺得你很煩，透過疏離來保護自己。當然，也可能他們別無選擇，只能採用冷漠的方式來回擊你。

唯一能傷害到你的冷暴力，其實是你的「在意」。

當你在意一個人時，他就擁有了用冷漠傷害你的權利——我們不會被不在意的人的冷漠所傷害。

聽起來似乎吃虧了：我在意你，你卻傷害我、卻辜負了我。但是，「在意」從來都不是一個偉大的詞，它有兩種情況：

1. 我在意你，無論你的飲食、感受、生活，都讓我很在意。在這種情況下，我希望透過我的關心，讓你變得更好。

2. 我在意你是否在意我，我希望你在意我的飲食、感受和生活。在這種情況下，我希望透過你的關心，讓我變得更好。

我非常在意你是否在意我，但你用冷漠告訴我「你並不在意我」。

這，太傷人了。

那我為什麼會在意，你是否在意我呢？因為我曾從你的關心中獲益。

一個從來不在意你的人，你並不在乎他是否在意你。但如果一個人曾經真心關心你，讓你感受過他對你的關心，你就很難接受他的不在意了。

這種感覺就像是，你讓我有了希望，又拿走我的希望；你讓我對你產生依賴，又切斷了我的依賴；你讓我習慣了被愛，卻收回了你的愛。

這實在太殘忍了，這讓我失控，讓我難受。我無法承受內心突如其來的孤獨、無助與挫敗，我無法回到過去那個不需要你的自己，我只能指責你的冷暴力。

你曾經得到的越多，在突然失去時，痛苦也會越深。因此，如果你覺得自己遭受了冷暴力，除了指責對方為什麼不再關心你，也可以回顧一下，過去你曾經從中得到了什麼。

接著，調整自己，重新出發。

重新出發的第一步是適應變化。

你需要明白，人本來就是會變的，關係也會隨之變化。

有些人喜歡固定不變的關係，實際上這是一種逃避：不願意學習如何瞭解自己的需求，不願意學習如何滿足自己的需求，不願意學習如何理解對方，不願意學習

如何適應不斷變化的環境。

如果你總是用固定不變的方式來應對關係，你就會渴望關係始終如一。

然而，變化是不可避免的。不管你是否願意，你自己和他人都在發生變化。如果你不瞭解自己在發生變化，你會繼續以相同的方式對待你內心無意識的需求；如果你不瞭解他人在發生變化，你會認為對方會永遠以相同的態度對待你。如果你總是用固定的眼光看待變化中的關係，關係將透過製造各種痛苦來提醒你：關係已經變了，你也應該改變了，而冷暴力就是提醒你關係發生變化的方式。

變化有很多種形式，即使兩個人的關係持續五十年，也不會在這五十年裡始終如一地充滿愛意。在這期間，關係每分每秒都在發生變化，我們的身體和心理都在改變。我們透過學習、認知、經驗、收入、與不同的人接觸、領悟以及思維受到不同衝擊而發生變化。然後，兩個人透過各種方式的溝通來協調，重新適應彼此，達到動態平衡。

當適應失敗時，潛意識會試圖切斷現有關係，建立新的關係來適應變化。

那麼，我們應該如何處理冷暴力呢？

被冷暴力只是一個信號，它是在提醒你關係發生了變化，而你沒有隨之變化。

你無須指責對方為什麼實施冷暴力，因為指責不能改變結果——被冷暴力是一個思考和覺察的機會。真正有效的方式是學習如何認識自己，學習如何認識對方。

當你感受到冷暴力時，你會感到受傷，而這種傷害再次提醒你，內在某些尚未解決的困擾被觸發了。當對方停止關心你時，說明他的內在也受到了某些波動。

你需要思考：我發生了什麼事？為什麼我如此在意他是否關心我？他發生了什麼事？為什麼他此刻不再願意關心我？

當你開始思考這些問題時，你就能發展出新的應對方式。

隨著你的改變，他可能願意以更好的方式與你溝通，或者是你們的關係可能會破裂，但這些對你來說都是可以承受的。

重要的是，你們能夠達到一個新的平衡，這才是最好的結果。

04 為何別人的抱怨，讓你煩躁無力

有一位同學說：「我姐姐總是在跟我抱怨，他在婚姻中受到的委屈，讓我覺得很煩、很無力，我不知道該怎麼辦。」

這是一個常見的問題。很多人對別人在自己面前表達負面情緒感到厭煩，覺得充滿負能量。例如，有的父母會對孩子的負面情緒缺乏耐心。當孩子哭泣時，他們會制止孩子；當孩子抱怨時，他們會「糾正」孩子。伴侶關係中，也經常說「不要把外面的負面情緒帶到家裡來」以此制止對方的抱怨，好像他人的抱怨是洪水猛獸一樣，會傳染甚至傷害你。

仔細想一下：別人的抱怨和委屈是屬於他們自己的，與你並沒有太大的關係。怎麼會傷害到你呢？

如果你能夠保持內心的邊界，這些情緒並不會對你產生影響。如果別人的負能量對你產生了影響，那說明你與他人形成了某種融合或共生關係。你真正需要思考的是：我是如何失去了邊界感，讓他人的負面情緒影響、衝擊到我？

如果你對別人的抱怨、訴苦感到壓力和煩惱，卻不知道如何應對時，可能是因為你內心存在著一種限制性信念深深地影響著你：「你在受苦，我必須幫助你擺脫苦難。」

當你看到對方抱怨生活時，你會覺得自己好像有責任幫助對方解決問題。你會覺得：當你抱怨我時，我就應該採取一些改變來讓你心情好轉。當你向我抱怨某人對你不好，我應該幫你想辦法應對或積極安慰你。然而，我並沒有如此強大的力量也沒有更好的方法，我並不想幫助你，我的內心也充滿了混亂，我沒有足夠的能力來處理這一切。

腦袋裡有一個想法在說：「我應該幫助他。」

腦袋裡有另一個想法在說：「我幫不了他。」

你的內心會同時產生兩股能量，並在瞬間發生衝突，讓你無法承受，而表現出來就是你的煩躁——你別說了，只要你不再表達抱怨，這兩個聲音就能達到和諧，我的自我就統一了。

因此，並不是他人的抱怨讓你感到壓力大，而是你想拯救他的心態讓你感到壓力大。不僅是他想侵犯你的邊界，你也想伸出你過長的手來干涉他的世界。

當別人向你訴苦抱怨，而你感到煩惱和無力時，你可以先欣賞自己：「我是一個有愛心的人，我真心想幫助他，希望讓他感到滿意和快樂。雖然我能力上做不到，但愛心是可以用動機來判斷的。」儘管表面上，你感到煩惱，但在你的內心深處，你真心想幫助他。

其次，區分。

你可能不知道的是，訴苦的人不是一直在尋求幫助。當別人向你訴苦時，有時候他們只是想告訴你他們過得不開心而已。他們想表達情緒，就是想說說而已，並不一定要得到解決問題的答案。

每個人都是解決自己問題的專家，掌握解決所有問題的方法。訴苦的人通常知道該如何解決問題，只是暫時沒有準備好去面對。有時候人們並非不知道如何做，而是因為被情緒所困，缺乏能量——低能量狀態限制了他積極解決問題的能力。

當別人訴苦和抱怨時，若你積極提供了建議，你的建議會迫使他們停止情緒，進入理性思考。這會進一步消耗他們的能量，讓他們更加煩惱。這就是為什麼當一個人心情不好時，別人提出建議會讓他們感到厭煩，因為訴苦的人只是想傾訴，而你卻在解決問題。

這種被打斷的感覺真的很不好。

他們只是想傾訴而已，所以你先別多管閒事、自作多情地想要幫他解決問題。如果你真的想幫助別人，不是提供解決方案，而是幫助他們恢復一些能量。

那怎麼幫助他人恢復解決問題的能量呢？

關鍵在於傾聽和認同。

傾聽就是最良好的安慰，不需要說太多也不需要採取行動，讓他們把話說完，你可以簡單地附和一、兩句：「哦、嗯、是啊。」

如果你想做得更多，你可以表達認同：「對啊，真讓人很討厭、很痛苦。那個人真過分，你該怎麼辦呢？」不過要注意，你表達認同的長度，不宜超過對方表達長度的百分之二十，不然舞臺又會變成你的。

透過帶有認同的傾聽，他人得以把委屈說出來，情緒會流走。這時候他們的智慧自然就會回來，自己就能想明白，從而獲得處理問題的力量。

傾聽，就是無聲勝有聲的解決問題境界。

有時候，這也很難。你會不想聽或忍不住表達，忍不住想糾正他們的觀點，這其實是你自己無法忍受別人停留在痛苦中，你很著急地希望他們擺脫這種狀態。

你可以思考：為什麼你無法允許他們停留在痛苦中呢？為什麼你那麼想要拯救一個人擺脫痛苦呢？

因為你從來不允許自己停留在痛苦裡。

你的生活並非沒有煩惱。當你遇到煩惱時，你不會傾訴，不會咀嚼給別人聽，不會允許自己在這種狀態裡待太久，你很著急地希望自己走出來，你積極想辦法解決問題。你的情緒，很難透過自然流動而消失，更多的時候是被你強行用理性壓抑在那，這就讓你自己的生命總是處於緊繃狀態。

對於一個抱怨、訴苦的人，你在乎他卻不願意幫助他，很可能是因為你自己也沒有足夠的能量了。這時候，更值得思考的是如何恢復自己的內在能量，讓自己的生活變得充盈，能量充滿，你可能更需要別人的傾聽和認同。

你自己所缺乏且沒有得到的能量，也很難給予別人，因此能否真正幫到他人並不是最重要的。重要的是，當你覺得幫助別人很煩的時候，這正是在提醒你，你自己更需要得到幫助。

你需要多一些向別人傾訴自己內心的能力，讓他傾聽並認同你的委屈。透過讓他人傾聽，你的能量也會得到恢復，而在跟你抱怨的人，正是你可以學習的對象。你可以在平時多向他抱怨，訴說你的委屈，體驗一下這種訴說的快樂。

你——包括一些人——不願意訴說委屈有兩個原因：

1. 這會傷害別人，沒有人喜歡聽你嘮叨。
2. 這會浪費時間，不能解決問題。

第二個原因我們講過了，「傾訴然後被傾聽」是解決問題的良策，這是在恢復能量的層面解決問題，而非從提供方法上解決。

訴說委屈，會讓人厭煩嗎？

別人這樣對待你，你會煩，然後你也會把這種感受投射出去，認為別人會煩。

極端了，誰都會煩。但在正常尺度裡，他人是有一定接納能力的。訴苦除了讓別人煩，還可能得到別人大量同情和安慰。其他訴苦的人之所以能訴苦，是因為他們本來就有這樣大量的經驗，所以相信了訴苦會被安慰。

很遺憾，從小到大，都沒什麼人對你的煩惱感興趣過。更多時候，他們要你閉嘴，別哭了，甚至罵你怎麼這麼無能。但你現在要知道，偶爾訴苦是可以得到安慰的。

當你不再試圖解決委屈時，表達委屈就成為一種與他人產生連結的方式。

健康的關係其實就是這樣的，你抱怨一通，我抱怨一通。你說ABC，我說不就是這樣嗎，我再說DEF。即使你抱怨我，我也可以抱怨你。我們相互爭吵一番，然後重新和好。

兩個人相處的感情很大一部分都是透過「廢話」建立起來的：有開心的事，跟你分享開心；有興趣的事，跟你分享興趣；有不開心，跟你分享不開心。就是這種看起來沒有營養、平淡的分享，構成了關係的主要組成部分。

有的人的世界就是機器：遇到問題，解決問題；發現問題，解決問題。除此之外都是廢話，都是浪費時間。

你總是渴望解決問題，很重要的原因之一就是：你不能停下來。

細細品味兩個人的相處，細水長流，日常瑣碎，這正是感情的精妙所在。

坦然表達自己的委屈，允許別人表達他的委屈，也是與他人產生連結的一種重要能力。

當你擁有這種能力時，你可以與他人一起相互傾訴生活中的委屈，那將是非常和諧的畫面。要知道，兩個人之間的關係，不一定要非常偉大和正面，也可以嘰嘰喳喳浪費時間。

05 不拒絕，便不自由

討好的表現之一，就是不能拒絕，但是不能拒絕不同於不想拒絕。

當我們愛一個人時，是想滿足他，不想拒絕他的。但是當我們討好一個人時，在內心深處我們可能很想拒絕他，卻因為缺乏勇氣和能力而選擇妥協。大腦中存在一個強烈的聲音：「拒絕吧！拒絕吧！」身體卻誠實地選擇了妥協。

我們希望自己學會拒絕。拒絕別人的好處顯而易見，可以維護自己的界線，不用委屈自己，節約時間、精力和金錢。

你要知道，人的潛意識總是在追求對自己有益的事情。人之所以會無意識地選擇討好，是因為討好雖然會帶來痛苦，但有巨大的好處。所以，我們思考為什麼拒絕如此困難，實際上就是在思考拒絕的壞處和不拒絕的好處。

拒絕別人最大的壞處，在於可能讓別人不開心。在現實層面上，拒絕別人不一定會導致別人不開心，然而只要一個人內心存有這種擔憂，就足以「阻止」他們表達拒絕的意願，足以「支持」他們選擇討好他人和委屈自己。

有些人會覺得，如果別人因為我而不開心，就代表我不好。如果我做了什麼讓別人不開心的事，那我就是一個壞人、自私的人、計較的人、小氣的人，我的價值感就會崩塌，我會覺得自己哪裡都不好，整個人都糟糕透了，繼而又會十分內疚：我是一個傷害了別人的人，我的天！我簡直是「罪大惡極」！

這些人可能有很多被別人推卸責任、怪罪的經歷，覺得都是因為自己不好才導致這種情況。也許是早年父母的不開心，讓他們覺得自己的存在讓父母不開心，讓他們覺得自己是罪惡的。長大後，他們也會遇到一些類似的上司、伴侶，對方不開心就會將責任推給他們。這時候，他們會失去判斷能力，一次又一次地強化「別人不開心，就是我的錯」；「別人不開心，就意味著我不好」的想法。

為了避免價值感的崩塌，為了避免體驗到自己的不好，他們只能選擇透過迎合他人，來避免讓別人感到不開心。

不拒絕別人，就是他們用來讓自我價值最大化的一種方式。

有的人會覺得，別人不開心，就會懲罰我。

如果我拒絕了別人導致他不開心，他就會記仇，會在背後說我壞話，就會給我穿小鞋。這樣一來，其他人就會認為我很糟糕，我的生活、工作和社交關係都會變得非常糟糕。這會破壞我的安全感，為了避免產生不安全感的體驗，我會選擇不拒絕任何人。

這樣的人，可能有著計較的父母。每當他們讓父母不開心時，父母就會生氣，並對他們進行懲罰。這在他們的潛意識裡形成了一種「如果我讓別人不開心，就會受到懲罰」的認知，當他們看到別人不開心時，會自然而然地感到恐懼。

或者他們成長歷程中有很多這樣的情況，一旦讓別人不開心，別人就會用各種手段報復他們。這時候他們就會內化出「如果我讓別人不開心，別人就會傷害我」的經驗。因此，選擇不拒絕別人就成為獲得安全感的最佳途徑。

委屈自己，總比被懲罰要好一些。

有的人覺得，別人不開心，就會離開我。

如果我拒絕別人，別人就不會喜歡我、不理我了，甚至會遠離我。他可能表面上不說什麼，但心裡會默默遠離我。我就只能一個人生活，我會非常孤獨、無助，不知道該怎麼面對這個世界。

這樣的人，可能有很多讓對方不開心後，他們對自己不理不睬的經歷，他們內化了「如果我讓別人不開心，別人就會離開我」的經驗，拒絕了別人，就會啟動這種經驗。

對他們來說，別人離開簡直是一件糟糕透頂的事情：我會變得非常孤獨。

我無法獨處，需要與很多人建立親密關係才能感到踏實。有任何人離開，都會讓我感覺到糟糕透頂。因此，對於那些極度需要他人陪伴的人來說，他們無法拒絕別人，也無法忍受別人的不開心。

為了獲得更多的親密關係，他們就不能輕易拒絕別人。

你之所以發展出討好和不拒絕的行為，是為了保護自己。

討好和不拒絕並不是為了別人，而是為了自己，這正是你潛意識的聰明之處。

你看到的是自己討好很累，而我看到的是你在努力生存下去。

在某些人的潛意識中，好好活著是一件困難的事，所以當你發現自己在討好他人或者無法拒絕他人時，不要再責怪自己為什麼要討好，而是感謝自己的聰明之舉——選擇了更重要的關係。如果沒有這些人給予你價值感、安全感和親密感，可能你的生活將變得非常艱難。

接著，你可以對自己心懷關愛：「我難道不值得過更好的日子嗎？」如果你想改變討好行為，不要強迫自己不再討好，而是去發現：其實你已經長大了，你不需要別人給予你這些，你也可以擁有它們，從而過更好的日子，你已經成為一個可以照顧自己的人了。

此時，請你思考以下問題：

如果我拒絕別人，他們真的會不開心嗎？

即使別人真的不開心，我為什麼害怕別人不開心？

別人不開心對我來說意味著什麼？我到底在害怕什麼？

我可以為自己做些什麼？

弄清楚這些問題後，你就能自由選擇是否要討好他人。

當你開始實現內心的自由時，你也將找到人生的意義。

06 為何我們會選擇性討好

討好者最大的特點就是委屈自己，寧願委屈自己也不願傷害他人。不要認為討好者就是傻瓜，也不要責怪自己為什麼總是討好。一個人之所以選擇討好，是因為他害怕與人發生衝突。在討好者想像中，如果自己不討好，別人就會不開心，就會與自己產生衝突，甚至會指責、懲罰、抱怨自己。

對討好者來說，別人的委屈都是一種隱性的指責。

對討好者來說，他們是難以承受衝突的。

此刻，討好對自己來說就是最好的保護。

身為一個成年人，衝突其實並不可怕。面對衝突最簡單的方法就是能打就打，打不過就退。在某些情況下，你可以大膽與對方發生衝突，但有時候你需要克制。

你要知道，沒有人是絕對強大的，也沒有人是絕對無能的。

一個成年人對待討好的健康標準應該是：有時候要堅決，有時候要討好。

害怕衝突的人會認為，在任何情況下，對方都無比強大，而自己則非常脆弱，在面對潛在的衝突時，他們會立即退縮——畢竟，安全至上。

作為討好者，你還需要思考的是，是什麼經歷讓你如此害怕衝突，而不是為什麼你要討好。

討好者從小到大經歷了許多衝突，並且大多數時候都經歷了失敗。

如果你在小時候總是被父母、同學、鄰居欺負，而沒有人為你撐腰保護你，那麼這些被欺負的經歷會在你內心留下巨大的恐懼，以至於你身體的每個細胞都會記得這些恐懼。當你再次面對潛在的衝突時，這些恐懼就會被啟動。

是的，你非常害怕，你害怕再次經歷那種惡夢，所以你盡可能地避免衝突。

當你討好時，你可以回想一下，在你年幼時有哪些受欺負且難以承受的經歷。然後，心疼那個受傷的自己，安撫一下自己。

衝突本身不是問題，問題在於如何應對衝突。

可以把衝突想像成一個人過度勞累會導致肌肉損傷。就像我長期寫作導致腰部肌肉勞損，這使得我開車時腰部會疼痛，嚴重時站久了也會疼痛。我感覺我的腰部非常脆弱，健康程度與我的年齡不符。

我不會批評自己，我只是心疼自己。我不再久坐，開始進行調理與康復運動。一年多來，我感覺自己腰疼的次數越來越少。

人的心理和肌肉一樣，在經歷過過度刺激後，會對這種刺激變得不耐受。你經歷了過多的衝突，久而久之，你對衝突的容忍度就會降低。

回避潛在衝突並不會增加你的耐受力，相反的，它會讓你越來越害怕衝突。此時的你，需要進行康復訓練。

首先，當你發現自己對衝突變得不耐受時，不需要再忍耐了。就像我開車半小時開始腰疼時，我會果斷停車在路邊休息，伸展一下身體。對待衝突也是一樣，當你感到害怕或想討好時，你需要尋找避免陷入衝突的方法。

其次，進行一些訓練。你可以嘗試面對一些小衝突、小挑戰，在確保不會傷害自己的前提下，採取維護自己的行動，提出一些要求，然後觀察對方的反應。

如果對方妥協了，你可以欣賞自己：「很棒！我完成了一次衝突訓練。」你會知道這種程度的衝突是可以承受的，下次甚至可以再進一步。

如果對方沒有妥協，反而引發了衝突，你需要及時停止嘗試，保護自己。你仍然可以欣賞自己：「我剛剛嘗試了衝突，並且瞭解在哪一種情況下會引發衝突，我很棒了！」

隨著意識提升，你會知道你可以與哪些人發生衝突以及可以達到怎樣的程度，你將掌握一項非常棒的技能——選擇性討好。

這是一項非常棒的技能，它讓你知道什麼時候應該討好，什麼時候不必討好。討好本身不是問題，問題在於盲目地討好。

那麼，你真的已經很棒了！

07 付出的陷阱

付出是一種美德，然而在許多關係中，當你對別人太好時，實際上正在埋下破壞關係的種子。

是的，對別人好，會破壞關係。

當你對別人好時，你無意識地期待著他們以同樣的方式回報。否則，你就會變得具有攻擊性，從而破壞你們的關係。

一位同學說：「我不知道該怎麼面對一個總是抱怨的伴侶。他會抱怨天氣、抱怨交通，什麼都可以抱怨。他說抱怨之後，會讓他的心情變好，但我覺得他的抱怨正在侵蝕我的好心情。」

如果你的心情足夠好，實際上你可以影響對方的壞心情。比如，當你突然中了五百萬的大樂透，面對另一半對天氣的抱怨，你可以迅速說一句：「帶你去吃好吃的吧！」如果你受到抱怨的影響，可能是因為你在壓抑自己想抱怨的願望，所以無法承受他人的抱怨。

這位同學說：「我從來不抱怨，因為抱怨沒有任何的用處，只會讓別人的心情變差。」也就是說，這位同學在無意識中照顧了伴侶的心情。

如果可以的話，誰不喜歡抱怨呢？抱怨給別人聽，自己的心情會變好。但是，這位善良的同學放棄了自己心情變好的可能性，優先考慮了伴侶的心情。

你可以說，這樣做是基本的、是道德的、是義務的、是應該的、是正常的。顯然伴侶沒有意識到這份好心，也沒有回報你。

我們覺得這樣的付出會讓自己吃虧：你在關心伴侶的心情，選擇不抱怨，但他並不知道，更不會以同樣的方式對待你。

善良固然是美德，但在生活中，很多時候你的善良很難得到同樣的回報。在這種情況下，你越善良，就越容易受傷，越會破壞關係。

有一位女同學責怪自己的伴侶從不幫助自己，他的理由是：「夫妻之間應該相互幫助，他是我的伴侶，應該幫我處理這些基本的事情。」

這個觀點是正確的，但讓這位同學有資格抱怨的依據並不是因為伴侶有義務幫忙，而是他覺得：「當你有困難時，我總是盡心盡力地幫助你，為什麼你就不能以同樣的方式來幫助我呢？」

曾經無意識的付出，如今成為攻擊關係的籌碼。

有位母親因為孩子不寫作業而感到憤怒。在親子關係中，憤怒背後經常隱藏著「你為什麼不能體諒媽媽苦心呢？」的委屈。

然而，孩子為什麼要體諒你的苦心呢？這位母親通常也非常體諒自己的孩子，盡力滿足他們的需求，總是把他們放在第一位。他也會無意識地產生同樣的期望：「我總是體貼你，你為什麼不能體貼我一下呢？」

父母對我們有更多的憤怒和委屈也是因為如此，他們覺得為我們付出了很多，但我們似乎不懂感恩、不懂體諒，在普通的人際關係中，這種現象也會存在。

有些人難以理解他人的憤怒，他們潛意識中有一個信念：「當我憤怒時，我總是盡量忍耐。為什麼你不能像我一樣忍耐？當我想發火時，總是會考慮你的感受，不想傷害你，為什麼你想發火時，不能考慮一下我的感受，不傷害我呢？」

你可以去體會自己每一次感到委屈、生氣、無助時，是否有這樣的想法：「我都是為了你……我對你從來都是……你為什麼不能也這樣對我呢？」

實際上，你為別人付出越多，將來就越有可能要求他們以同樣方式回報你。我們從小就學習了「我為人人，人人為我」；「你對我好，我對你好」的理念，這是一種正能量，是和諧社會所需的。

我們可以銘記別人對我們的好並回報他們，但你不能以此來要求別人，因為別人很可能無法遵守這樣的規則。其中有兩個原因：

1. 他不知道你在對他好

你付出了很多，別人並不知道。

你本來很累了，但為了照顧他，你仍然選擇忍耐並付出，但是在他們的體驗中，這只是一件尋常小事。你原本想要發火，但你忍住了，對他們來說這只是你的正常行為。

很多時候，你忍耐了，不計較，不想破壞和氣。在對方的感受中，他們覺得你本來就理虧，所以才選擇沉默。他們甚至覺得自己是有道理的。

2. 他們認爲你熱愛付出

接受你的好，是為了成全你。

對他們來說，不打斷你的好意已經算是在對你好了。

在親子關係、父母關係、伴侶關係和其他關係中，對別人好是讓關係和諧與持久的法則。只是你要注意，要覺察以下幾點：

你的付出是不是在委屈自己，是不是在忍耐，是不是心甘情願的？

任何一點委屈和不情願的付出，你將來都會期待對方同樣委屈。

當你付出後，如果對方依然對你很糟糕或者對你很差，你能接受嗎？

如果你在付出後，希望對方感恩你、喜歡你、改變對你的態度，這些隱藏的期望會成為你更加委屈和憤怒的原因。

真正的付出是要放下期望的：我對你好，僅僅是因為我愛你，至於你以後如何對待我，那是你的事情。「我對你好」與「你對我好」是兩件獨立的事情，如果你無法放下對對方的期待，那就不要付出了。

有些人覺得，放下期待很難，實際上難的並不是不期待，而是「將自己放在第一位」。

在自己和他人之間，我們很難優先考慮自己。

我們習慣性地優先考慮別人，然後又習慣性地期待別人優先考慮我們。

關係中最困難的事情，其實是承認「我比你更重要」這件事。

我們當然要對別人好，但不要超過對自己的好，這樣你就不會過度期待了。

當你能允許自己比別人更重要時，你也能允許別人在自己的世界中，他們覺得自己比你更重要。每個人都應該優先為自己負責，這才是和諧關係的要義。

允許別人認為自己比你更重要，當他們拒絕你時，你也就不會太委屈了。

08 如何當一個不好惹的人

關係的本質就是界限的融合。

在人與人之間的互動中，事情可以分為三種：你的事、我的事、我們的事。當你專注於你的事，我專注於我的事，我們之間就沒有交集，也就沒有形成關係。當我們擁有了共同的事情，就形成了關係，我們的界限也會慢慢交疊、融合，關係也變得更加緊密。

為什麼人與人之間會產生矛盾呢？

因為雙方無法清晰區分這三種事情，無法達成一致。有些事情你認為是我們共同需要參與的事，而對方可能認為這是你的事，不願意過多干涉。有些事情你認為是自己的事，想自己做決定，而對方認為這也是他的事，堅持要參與其中。你們對於某件事情的歸屬權存有分歧，因此產生了矛盾。

你認為要穿什麼衣服是自己的事，但實際上這不僅是你的事，可能還涉及你的母親。在你看來，這是你自己的事，但在你母親看來，這也是他的事。

也有人說：「你的生命要愛惜，因為你的生命不僅屬於你自己，也屬於每一個愛你的人。」

有些母親認為，育兒是自己的事，應該由自己決定；孩子也認為是自己的事，應該由自己決定；婆婆也認為是自己的事，媳婦應該尊重他的決定——三個人都想自己來決定。

有些母親認為育兒是兩個人的事，因此對於丈夫不參與這件「我們的事」感到憤怒，但丈夫認為這是「女人的事」，不願意參與其中。

員工認為下班後的時間如何安排是自己的事，但上司可能認為下班時間的安排是「我們的事」。

誰的觀點是對的呢？每個人的視角都有其合理性，問題在於，對方無法認同你的觀點，而解決爭議的方式之一是對話。

然而，於界限的對話，往往是最難進行的。雖然道理很清楚，但涉及利益時，人們很難在情感上接受自己的利益損失。比起講道理，更有效的方式是堅守自己的界限，保持邊界感，即我向你展示我的力量。

我不會主動侵犯你，同時也不允許你侵犯我。你可以不同意我的界限，但你必須尊重我的界限。你可以不尊重我的界限，但我會給你一個警示。

他人對待你的態度，很大程度上取決於你的態度。

當他人開始指責、控制、侵犯你時，他們正在破壞你的界限，將你的事當成他們的事。此時，如果你表現出軟弱的態度，就像是一個妥協的人，正如蘇洵在〈六國論〉中所說：「今日割五城，明日割十城，然後得一夕安寢……古人云：『以地事秦，猶抱薪救火，薪不盡，火不滅。』」

在關係中，如果你一直妥協，對方就會一直侵犯，直到你無法忍受。當你開始維護自己的界限，對方才有可能停止侵犯。需要注意的是，這不代表你開始維護自己的界限，對方就會立即停止侵犯，而是當對方發現侵犯你的界限需要付出更大代價時，他們才會停止。因此，你需要堅定而有力地維護自己的界限。

這種原則在短期關係中同樣適用，忍耐只能暫時平息風波，並不會解決任何問題。如果你選擇不再忍耐，雙方就會開始進行博弈：誰顯得強勢，對方就會妥協。

保持邊界、維護自己界限的方法就是展現出不好惹的一面。

當你沒有受到傷害時，你是一個容易相處的人，你願意付出、妥協；但是當你受到傷害時，你需要展示出不好惹的一面，讓別人知道傷害你是有代價的。

你可以保持「人不犯我，我不犯人；人若犯我，我必反擊」的心態，然後你就可以達到「威而不怒，親而不侵」的境界。

你給人一種威嚴的感覺，但不輕易動怒；你看起來很親近，但別人不會輕易侵犯你。這種境界，其實源自於兩個方面的自信：

第一，實力。你不需要言語或行動，你的實力、權力和能力會讓對方不自覺地妥協於你。在許多家庭中，經常會出現經濟地位相對較低的一方，會不自覺地做出一些妥協的情況，更害怕被拋棄的一方也是如此。

第二，氣勢。實力需要時間培養，但氣勢可以在短時間內培養起來，而氣勢就是回擊的能力。當有人對你言語不敬時，你可以以平靜或憤怒的態度回擊。透過幾句話就將對方反駁得說不出話來，這樣他們就會減弱傷害你的衝動。

你要相信，別人是可以改變的。隨著你展現出不好惹的一面，別人來惹你的可能性也會降低。

09 失衡的付出感是如何傷害關係的

付出是一件美好的事情，關係本來就需要付出。你想得到愛，最好的方式之一便是透過付出來表達。雖然不是所有的付出都能有收穫，但付出就是比什麼都不做（不付出）更有可能獲得回報。

然而，「付出感」只是一種感覺，不完全取決於你實際上做了多少，也不僅僅取決於對方覺察到你的付出有多少。

關於付出，一個健康的人格應具備以下幾個特點：

1. 盡可能地識別對方的需求，在想要付出時能夠有針對性地付出。這樣的付出不會盲目地給予認為對方應該需要的東西。

2. 盡可能客觀評價自己的付出，而非盲目扭曲、誇大或忽視自己的付出。個人體驗到的付出感與客觀現實應該保持一致。

因此，一個懂得付出的人，通常不會讓自己過於疲累。他知道度在哪裡，知道需要付出什麼，知道自己付出的價值。而一個盲目付出的人則容易陷入滿是委屈和憤怒之中，因為他感受到強烈的付出感，卻得不到相應愛的回饋。

所以，付出真的能換來愛嗎？健康的付出有可能帶來你所期待的愛，而不健康的付出只會增加自己的付出感。

如果一個人堅信「付出才能得到愛」的邏輯，他追求的往往不只是實際的行動付出。畢竟人的精力是有限的，總是做實際的付出會讓人感到疲憊。這時候，人們可能會無意識地想盡辦法放大自己的付出感，讓對方知道「我為你付出了很多」，企圖以此喚起對方的內疚感，從而獲得自己所期望的回報。

以下討論三種關於付出感常見的心理遊戲，你可以看看哪一些是你擅長的，哪些是你周圍人所擅長的。

第一種方式：誇大自己的付出。

曾有一位同學在課堂上抱怨他的前夫。他說，前夫買了一項家電送他，得意地說這個價值兩萬多元。不過他查了一下，發現這個家電原價兩萬多，實際折扣後的價格只有一半。以前夫吝嗇的性格，他不會購買原價商品，但他故意誇大價格，真的很虛偽。

除了表面虛偽，前夫內心的動機也非常複雜：他花了一萬多元買了這個家電，藉此表達自己付出了很多，更想表示：「我雖然摳門，但我仍然願意花一萬多替你買家電，以此表達我的重視。」

他沒有找到適當的方式來表達自己的付出，他想掩飾自己的吝嗇同時又想展示自己的重視，他希望對方認為他付出了原價購買商品，於是選擇誇大價格的方式來強化自己的付出感。

這位同學看見了前夫要營造的「付出感」，並拒絕接受這超過一萬多元的人情付出。他只願意記下實際的付出金額，而不接受被誇大的價值。他認為，如果想讓他記住更多的人情，那就必須以實際的付出為准。

其實，這兩個人都是好人。前夫潛意識裡的想法是「我離開你了，我仍然願意為你付出」，而同學的潛意識想法是「我不想欠你，所以你別誇大其辭」，這樣心裡才會踏實，但是當下他能夠意識到的，卻是那份虛偽和欺騙。

本來對方的付出是很好的，但被誇大後，就會引發我們的反感。付出者本人只是想告訴你他付出了很多，希望得到你的讚賞。他無法做得更多，而你遲遲不予認可，他無可奈何只能誇大其詞，試圖強迫你認同。結果是，你感覺被強迫認同，感覺你的回報要超過實際價值，從而產生了反感之情。

你們都是好人，卻都不願直言。

第二種方式：縮小自己的能力。

透過縮小自己的能力，透過將自己描述得很可憐，就能夠突出自己的付出有多麼重要，讓自己的付出顯得更偉大。

舉個例子，如果我為你付出兩千五百元，那麼這個付出到底是大還是小呢？對於中產階級來說，這個付出可能並不算多。但如果我強調自己只有一千五百元，我真的很可憐，即使我如此可憐，我仍為你付出兩千五百元，我願意拚了老命、傾盡所有也要為你付出，厲害吧。

我將自己想像得非常弱小，然後告訴對方我有多麼可憐，以此來凸顯自己的付出有多重大、多麼不容易，透過這種方式讓對方看到「我付出了很多」。

有的媽媽可能會說：「我為你付出了一切」；「為了你，我什麼都不要了也要讓你上學」；「為了你，我付出了……」好像自己已經付出所有一樣，特別苦情也特別悲壯。

你內心覺得你很可憐、很委屈，但你仍然選擇去付出。這時候，你可以思考：實際上你可能沒那麼可憐，只是在用可憐來加持自己的付出，讓自己顯得偉大。

這樣的做法會讓人產生反感，因為這將接收者置於一個壞人的位置，好像接收者榨乾了付出者的一切，而接收者不願接受這樣的設定，他想成為一個好人。

如果你身邊的人總是暴露出自己的可憐來包裝自己的付出，你可能會感到沉重的負能量，而他可能只是想強調，自己為你付出了很多。

第三種方式：你不值得。

這種方式的潛臺詞是：「我要暗示你，你本來是不值得我這樣做的。你本來不值得我付出，但我還是為你付出了這麼多，這代表我有多偉大、對你有多好。」

當一個母親暗示孩子是多餘的時候，聽起來是一種排斥，潛臺詞就是：「你看到了嗎？我真的為你付出了很多，你生下來應該被扔掉的，你生下來應該比不上男孩子，我不僅沒有拋棄你，也沒有重男輕女，我對你和男孩子一樣好，我對你真的很好……」

這也解釋了，為什麼有些孩子認為父母重男輕女，而父母卻覺得自己對孩子很公平。其區別在於，父母潛意識中認為女孩不如男孩時，他們對女孩的好產生更強烈的付出感。表面上看起來是平等的，但父母心中的預設是不平等的。

父母會覺得：「我們對其他的孩子付出了這麼多，他們可以不感激。但你是多餘的孩子，卻得到了這麼多，你為什麼不感激呢？」因此，當一個母親暗示孩子是多餘時，他實際上想表達的是自己付出了很多，他只是想透過這種方式增加自己的付出感。

對於那些從小就覺得「媽媽總覺得我不夠好」的孩子來說，也許可以換個角度來看——他的初衷並不是想否定你，而是透過「你很糟，但我還是願意對你好」這個邏輯，透過暗示你不值得，來放大自己的付出感。遺憾的是，孩子真的會接收到這種被否定、不值得的暗示。

所以，一個人說你不好，不一定是真的認為你不好，他可能是在強調：「你這麼糟，我還願意對你好」以此來突顯自己的偉大。

當一個人想讓對方知道自己在付出，但沒有能力做得更多時，往往會習慣使用「誇大自己的付出」、「縮小自己的能力」和「暗示你本來不值得我這麼做」這三種方法來創造心理上的付出感。

這種行為可能會讓人反感，但其實這只是他們在無法做到更多時，尋求愛的一種方式。他們看似在傷害你，實際上只是在表達：「我已經為你付出這麼多，你能不能多關心我一點、說句體貼的話、不要那麼冷漠，不要離開我，我對你到底有多重要。」

如果你發現自己有這種傾向，那麼你需要盡快停止。你可以真誠地表達自己的需求，而不是覺得自己付出了很多，這會破壞你們的關係。

如果你身邊有這樣的人，試著理解他們，然後自己決定如何處理。

10 如果我愛自己，為何還需要伴侶

有人說：「愛自己，和誰結婚都一樣。」

這讓我很疑惑，既然都一樣的話，那為什麼要花時間跟精力談戀愛、結婚，去建立親密關係呢？那是不是愛自己就夠了，有自己愛自己，那就不需要伴侶了呢？是不是我成長到一定地步了，我就可以灑脫了呢？

道理上看似無懈可擊，但感覺又不符合常識。那麼，問題出在哪裡呢？我們得從伴侶的作用說起。

伴侶的重要功能就是滿足我們內心的需求。比如，當我們感到孤獨時，需要有人陪伴；當我們感到無助時，需要有人支援；當我們感到恐懼時，需要有人給予安全感；當我們感到喜悅時，需要有人分享；當我們感到自卑時，需要有人認可；當我們覺得自己有不足之處時，就需要被愛……

在內心深處，我們越覺得自己不夠好，就越需要被愛；越感到無法掌控生活，就越需要被愛——「被愛」在本質上是安撫我們內心的無助感。

從這個角度來看，一個人的內心越強大，確實越不需要被愛。我畢業那年，剛去北京發展，一個人在異鄉租房住很孤獨，工作也不順利，自卑感特別強烈。那種在陌生城市獨自面對孤獨和困難的感覺讓我難以承受，那時的我非常渴望談戀愛，渴望有一個人能夠理解我、安慰我、陪伴我，一起面對困難。

後來，我在北京發展漸入佳境，交到了很多朋友，也有了很多粉絲，物質條件有所提升，我的興趣明顯從談戀愛轉向了工作。從內心而言，我的重心從尋找一個人來滿足自我變成了追求自我實現。

然而，這是否意味著我就不再需要情感了呢？工作之餘，我仍然會感到孤單；沒有婚姻，我仍然會焦慮；當我看到自己的不足時，我仍然會懷疑自己。

我仍然有很多需求，無法自我安撫。

一個人只要拚命愛自己，內心確實會變得越來越強大，也會逐漸減少對感情的渴望。在理想狀態下，只要他足夠愛自己，他確實不再需要任何情感的支持。但是「絕對的內心強大」只是一個虛幻的理想，這是人類本質上的限制——理想狀態只能無限接近，但永遠無法達到。

人的局限性決定了我們有兩個不可實現的事情：即不可能在所有地方都好好愛自己，不可能在所有時候都好好愛自己。

你可以揮霍金錢，但可能無法接納自己；你可以全身心投入工作，不覺得孤單也不需要朋友，但在生病時很難不感到無助。你也無法在任何時候都順風順水、沒有煩惱，也無法對所有問題都有睿智的解答。

面對大自然、面對人生、面對社會，無論你多麼愛自己，你都無法單憑一個人的力量應對所有的困難和挑戰，這意味著你必須與另一個人建立關係。在你無法愛自己的那些方面，在你無法愛自己的那些時刻，另一個人的愛可以彌補你對自己的愛。這就是為什麼我們需要伴侶，他們能在我們無法愛自己的時候來愛我們。

你當然可以與很多人建立情感的連結，但這也意味著多元關係會失去穩定性，無法獲得安全感。

能夠愛自己的部分，我們就不需要他人的愛。例如，我非常相信自己的美貌和才華，我就不需要他人的認可。我能夠輕鬆賺到足夠的錢給自己安全感，我就不需要他人提供物質支援。

但是當我無法愛自己的時候，如果他也無法愛我，就會產生矛盾。例如，當我感到孤獨，無法安撫自己時，而對方選擇了努力工作、為家庭打拚卻沒有陪伴我，這時我們之間就會出現矛盾。

伴侶關係中的許多矛盾，來自於「我需要他的愛來滿足我自己無法滿足的部分，但他不能給予我這樣的愛」。即使存在矛盾，有些人仍然無法離開——我無法離開你，是因為我內心非常需要愛，而你滿足我的大部分需求，我不想失去你但又對沒有滿足的部分不甘心，於是我透過矛盾來幻想你可以再多給我一些。

產生矛盾的地方，往往正是你需要學會愛自己的地方。

你越是愛自己，你的內在需求就會越少，矛盾也就隨之越少。你的需求變少，能夠滿足你的人也就越多，你在選擇伴侶的空間上就會變得更加寬廣。

感情問題的本質，其實是在「愛自己」和「被他人愛」之間找到一個平衡。

我能夠愛自己的部分就由自己來滿足，無法愛自己的部分則需要他人的愛；我學會多愛自己一些，需要他人的愛就少一些……

當你遇到一個能給予你更多愛的人時，你就會有更多的餘力去愛自己；當你身邊的人給予的愛是有限的，那你就需要學會多愛自己。

沒有人能同時處在兩個極端。我們都需要明白：伴侶是生活中的一種補充，而不是唯一的依靠。有時候，「沒有人愛你」是一件很無奈的事實，但那正是你學會真正愛自己的開始。

不被愛的時候，就像一道裂縫，你可以把它當作一個不完美的缺憾，也可以把它視為是愛自己的光，正好從那裡照進來。

當我們感受到不被愛的時刻，我們內心的裂縫便會觸發。這個裂縫讓我們看到了自身的不完美和缺憾，但也給了我們機會，讓愛自己的光芒有了穿透的空間。

不被愛的時候，我們可能會感到孤單、無助和失落，也會開始反思自己的不足和需要改善的地方。

我們看到了自己的脆弱和不完美，但也意識到自己值得被愛。

這個裂縫，成為我們愛自己的契機。

在那個破碎的時刻，我們可以選擇深入瞭解自己，接納自己的不完美，並學會愛自己。我們開始尋找自我成長和自我接納的方式，填補內心的空缺，變得更加完整和堅強。

不被愛的時候，往往是一個關鍵的轉捩點。當我們開始關注自己，給予自己愛和關懷時，內在力量便會逐漸增長。我們學會依靠自己，擺脫對他人的過度依賴；我們開始欣賞自己的價值和獨特之處，找到自己內心的平衡和滿足。

所以，當你感到不被愛時，不要忽視那道裂縫，它是你走向自我成長和自我關愛的重要指引。透過這個裂縫，你可以看到自己的不完美，但也可以感受到愛自己的光芒。在那裡，你將發現真正的力量——學會接納自我，成為一個更加完整和堅強的人。

11 關係裡，每一次衝突都是在表達需要

同學A說：「我老公經常掛我電話，也不說到底是怎麼回事。事後我問他，他就只說一句在忙。問題是，他每次都是這樣，真的有事情的時候我根本找不到他，這讓我非常生氣。」

我問同學A：「你覺得你想要的是什麼呢？」

同學A說：「我希望他能及時接電話，如果不能接，至少回個訊息告訴我他在忙什麼，什麼時候方便回電話……」

我問同學A：「你對此做了些什麼呢？」

同學A說：「我曾經跟他講過道理，也表達過我的期待，甚至請他回我，但都沒有用，他就是不願意改變也不願意回應我的需求。我真的不知道還有什麼辦法才能讓他願意多為我想一點，讓他滿足我，讓我不再那麼生氣。」

同學A陷入了一個死胡同，始終糾結在「老公是否接電話、回訊息」這件事，但是一直糾結這些，內心的憤怒仍然無法被解決。即使老公在威逼利誘下及時接電話並回訊息，但他敷衍的態度仍會讓同學A感到憤怒，因為他真正渴望的不僅是接電話、回訊息，而是被重視。

如果同學A能確認自己對老公很重要，即使老公數個小時不接電話，他也不會生氣；若同學A不能確定自己的重要性，即使老公秒接秒回，同學A仍然會感到傷心。對此，同學A需要思考的是：「我該如何面對自己需要被他重視的需求？」

如果只是想索取，那該怎麼做，才能真正得到「被重視」，而不僅僅是讓對方做到接電話？如果已經不想再索取了，那又該如何放下呢？

每個人給出的答案都不盡相同。當同學A向我尋求幫助時，我從他的原生家庭背景出發，幫助他更好地理解自己。他的童年經歷非常不穩定，長期被寄養在不同的家庭，從小到大從未感受過也不相信自己對任何人來說是重要的，這種感覺深深根植在他心裡，影響著他對關係的期待與反應。

同學A決定走出這個死胡同，他開始主動尋找那些能證明老公重視他的依據，其中最讓他安心的是家裡賺的錢都由他管理，以及老公在休息時間經常陪伴孩子。

因此，同學A慢慢放下了「老公一定要接我電話」的執念。神奇的是，當他不再強求時，老公反而開始常常回訊息了，說「等一下」、「怎麼了」，不再像以前那樣敷衍了事。

同學B說：「孩子把我的牙刷弄到地上，卻沒有馬上撿起來，還用腳去踩，這讓我非常生氣。我把孩子臭罵了一頓，結果他被我罵哭了，撿起牙刷就跑回房間，把門關起來，一個人躲在裡面哭。」

我問同學B：「你覺得你想要的是什麼呢？」

同學B回答：「我希望孩子能馬上把我的牙刷撿起來，並說一聲對不起。我希望他養成尊重他人的好習慣，我希望他將來能過得好……」

我告訴他，如果他只是想培養孩子良好的習慣，他可以耐心地跟孩子解釋：為什麼這樣的行為是不好的，對別人造成什麼後果，以及孩子應該如何做。如果他是出於對孩子的關心，他可以帶著愛去教導孩子遵守社會規則。

從表面上看，同學B的憤怒是因為孩子不懂得社會規則，但深入探究，其實是孩子的行為激發了同學B曾經未受到尊重的創傷。那一刻，他感覺到自己的牙刷對孩子來說一點都不重要，彷彿自己對孩子毫無價值。他曾經經歷過委屈——無論是在童年時期還是在工作中或婚姻中，他都曾像那支牙刷一樣不受尊重。

同學B真正需要的不僅僅是孩子撿起牙刷，而是別人對他的珍視與尊重。

同學B贏了，孩子確實把牙刷撿了起來，但他也輸了，他成了一個欺負孩子的大人，而他的內心依然沒有得到安撫。

我告訴同學B：「首先，你需要面對的是那份受欺負時的委屈，你需要面對自己沒有受到珍視、沒有受到尊重的感受。不要站在道德制高點上，用發洩情緒的方式去批評、教育孩子。」

同學B決定向自己的孩子尋求幫助。他回去後對孩子說：「寶寶，對不起，媽媽不應該罵你，讓你感覺到我不在乎你。其實我很希望得到你的關心，如果你能幫媽媽把牙刷撿起來，媽媽會覺得你在乎媽媽。」

一直以來，同學B都認為向孩子表達需求是很羞恥的。然而，這一次，他開始正視自己的需求，也正視了自己與孩子的關係。最終，他獲得了孩子的理解。

關係中的衝突，源自於「需求」的存在。一個人的需要通常包含「現實層面」

以及「情感層面」，許多現實層面的需求很難說清楚，你有自己的道理，對方有自己的委屈；無論你採用何種方式表達，都容易讓對方感到被強迫。

事實上，人們追求的不僅僅是現實層面的需求，還包括情感層面的需求，如被關心、被重視、被尊重、被認可、被接納等。如果情感層面的需求得到滿足，人們便可以放下現實層面的需求，或者找到更合適的方式去滿足需求。如果情感層面的需求被忽視，而一味地執著於現實層面，問題會變得事倍功半、難以真正化解。

你可以學習的是，如何從需求層面著手解決關係問題，而不只是卡在現實層面的糾結裡打轉。

當你在關係中遇到衝突時，不要急於問自己「對方應該怎麼做」，以及「為什麼自己會受傷」。你可以先向內尋找答案，問問自己這代表什麼情感需求，並思考如何以言語或是行動來照顧、滿足自己的情感需求。

12 關注和陪伴的作用

人需要得到回應、需要被重視、需要被關注、需要陪伴……這些都是正常的心理需求，但為什麼我們需要其他人來滿足這些情感上的需求呢？

如果你要回應，智慧型機器人可以隨時給你回應；如果你要關注，可以在家裡安裝監控設備二十四小時關注你；如果你想要陪伴，貼一張喜歡的明星海報在床頭就能每天陪伴你。從這些角度來看，人工智慧能提供的似乎比某個人還要更多，不過人所追求的，從來不只是表面上的這些需求。

有人說，他們想要的是「人的情感」，但是隨便找一個人就可以嗎？你可以花錢請一個人天天在你身邊，關心你、陪伴你、回應你，滿足你的情感需求，這樣就夠了嗎？即使不是僱傭來的人，你也可以找到一堆人願意為你這麼做。

很明顯，這樣並不可行，因為你所追求的不是任意一個人的情感，而是「某個特定的人」的情感，這個特定的人之所以能讓你無法割捨，一定有他的特殊之處。

為什麼人會執著於某個特定的人來滿足自己的情感需求呢？為什麼他們的替代性如此之低？這個特定的人給予你的情感有何特別之處？思考這些問題，或許可以幫助你解決情感困惑。

人真正需求的不僅僅是情感，而是某個特定的人。從表面上來看，你似乎在追求關注、陪伴或重視，但實際上你只是想確認這個人是否在你身邊。當你無法感受到這個人的存在時，你希望對方做一些行動來證明他一直在那裡。

情感，只是一種證明對方存在的方式。

關注、陪伴、重視這些感受本身是可以被其他人替代的，但「特定的人」卻是無法被取代的，這正是你真正執著的所在。

人確實需要情感，但並非任何時候都需要。情感的需求是有時機、有節奏的，當你正忙於自己的事務時，若有人不斷關注你、陪伴你，反而會讓你感到被打擾，這種突然湧現的情感反而會讓人不知所措。

人真正需要的，是適時、適量的情感。給得太多或太少、來得太早或太晚，都可能會令人煩躁與反感。那麼，什麼時候人會需要情感呢？

當你內心感到無助時，當你感受到孤獨卻無法安撫自己時，你希望有人陪伴。

那一刻，你感覺自己與這個世界失去了連結，無法面對自己的渺小，你需要確認有人在身邊。

那一刻，你對未來感到恐懼，你迷茫且無法應對，你需要有人在身邊安撫你。

那一刻，你對自己產生懷疑，覺得自己不夠好，無能為力，你需要有個人在身邊讓你知道你是被接納的，你不會被拋棄。

你真正需要的不僅僅是關注、陪伴等，而是需要一個能給你安慰的強大存在。此時，伴侶不再只是伴侶，而是你眼中能夠安撫你脆弱和焦慮的強大客體。

人不會向比自己更脆弱的人索取情感，因此當你向一個人索取情感時，你必定先想像他是強大的。此刻，你覺得他是最適合照顧你的人，所以你執著於讓這個人滿足你。

然而，對方並非時時刻刻都如你想像的那樣強大。他此刻可能也在經歷困惑、焦慮和無助，無法顧及你。可是在你心裡，這一切只有一種可能——這個強大的人拋棄了我，進一步加劇了你的無助感。

當你在感情中因渴望而痛苦時，除了向外索取，你還可以向內尋求：你需要透過他的情感來緩解內心哪些無助感？這些無助感是什麼？這些無助感從何而來？

在你的無助感中，你只能透過自己的行動來照顧自己，而照顧自己的第一步是「看清自己」——你需要承認：「沒錯，此刻的我不太好。」

這些無助感可能來自各種情緒：我最近感到很挫敗，覺得自己無所長；我最近感到很迷茫，不知道自己想要什麼；我對未來感到焦慮，不知道下一步該怎麼走；我最近感到很疲憊，覺得應付不了那麼多事情。

當你向外索取時，你會得到安撫，暫時忘記自己的無助感。即便沒有被他人滿足這點令你難過，但至少緩解了無助感。這是一種暫時的自我救贖策略，但並非長久之計。你需要停止急切地向外索取，靜下心來聆聽內心的聲音，你會知道自己到底怎麼了。

人們真正需要解決的並不只是情感本身，而是那份無助感——那種無力面對現實的感覺。

那麼，人是不是就不需要情感了呢？

當你能夠照顧好自己的無助感時，確實可以不需要情感，但現實是——你並不是在每一個時刻都能好好地照顧好自己。

有時候，別人來照顧你、安撫你，比自己照顧自己來得更容易一些。

在這樣的時候，你仍然是需要情感的。

13 誰應該為這段關係付出努力

當婚姻出現矛盾時，如果兩個人想繼續走下去，就要有所改變。不是你改變，就是他改變，其問題在於：誰來改變呢？

很多人參加自我成長課程，開始學心理學，然後回去實踐。但在實踐過程中，他們發現對方不怎麼配合，結果越學越委屈，內心充滿疑問：「兩個人的婚姻，為什麼要我改變呢？」

是的，改變一直以來都是自願的，沒有人能強迫你必須做出改變。也許對方不知道需要改變，也許他不願意改變，那是他的問題。但是，你是否要透過改變自己來維持婚姻，這是你的選擇。

沒有人強迫你必須改變，你有權自主選擇是否改變。

在婚姻關係中，關於「誰應該改變」這件事，本身有著潛在定律。當你理解這些關於改變的定律，你就能自由地選擇——不管你選擇一個人改變，或者不改變，還是採取其他方式，那都是你的主動選擇。

你擁有選擇的權力，同時也要對自己的選擇負責。

定律一：誰更需要關係，誰來改變。

矛盾本質上是權力的爭奪，就是「這段關係裡，誰說了算」。當你和對方都不願意妥協時，就會發生矛盾。經過激烈的溝通後，你們可能會陷入冷戰。如果要繼續維持關係，就必須有人先妥協、讓步。

那麼，應該由誰妥協和讓步呢？是更需要關係的那個人。

對關係需求越強烈，就越難忍受關係處於冷戰狀態。因此，在關係中更在意、更依賴這段連結的人，往往會先忍不住做出妥協。相對而言，對關係不太在意的人反而可以忍受更長的時間，這種感覺就好比面對不好吃的食物，通常情況下是那個更飢餓的人會先開動。

先妥協的人直接導致另一方不需要再改變、無須再妥協，後者就在權力爭奪戰中取得了勝利。而先妥協的人獲得了關係，但也可能感到委屈：「為什麼總是我先妥協？」

如果你是先妥協的人，不需要感到委屈。你要明白的是，你既想要自尊又想要關係，有時兩者是不可兼得的。一開始你或許認為自尊更重要，但隨著關係破裂的風險增加，你會因為更在乎這段連結而選擇了關係。

這是你的聰明之處，**是你清楚知道，你一直在選擇更為重要的東西**。你的妥協並不是為了對方，而是為了滿足自己更重要的需求——優先維繫關係。

如果你仍感到委屈，你需要思考的不是「為什麼他不改變」，而是為什麼你比他更需要你們的關係呢？

婚姻關係是必需的嗎？如果不是，為什麼我害怕一個人生活呢？如果是，為什麼我一定要與這個人維持婚姻關係呢？

定律二：誰更需要和諧，誰來改變。

衝突，其實並不一定要急於解決。對很多人來說，衝突是生活的常態，是可以承受的日常。應對衝突的方式不一定是改變自己，只要你比對方更堅定、更堅決，對方就會選擇改變或離開，你根本不需要改變自己。

對很多人來說，他們自己的感受和利益比衝突更重要，即使面對衝突，他們仍會優先維護自己的立場。這些人可能會選擇指責、挑剔、理性辯論、冷戰、威脅等方式來維護自己。

但對另一些人而言，他們對衝突有著誇張的想像，認為衝突是一種災難，是關係中的禁忌。他們非常渴望和諧，認為和諧比自己的立場更重要，所以在產生衝突的時候，他們往往會先放棄自我，選擇忍讓、妥協、改變，來優先滿足自己對和諧的需求。

如果你優先考慮改變自己，你需要問問自己：為什麼和諧對你如此重要？你是從哪裡學到這個價值觀的，是誰教你的？為什麼他不害怕衝突，而你會害怕呢？你在追求和諧的同時，你真的比那個敢衝突的人獲得了更多或是過得更好嗎？

定律三：誰更難以耐受「懸浮」，誰來改變。

矛盾會帶來不確定性，你無法預測婚姻關係接下來會怎麼發展，生活也因此陷入懸而未決的狀態。我將這種狀態稱為「懸浮」，就像婚姻中的「薛丁格狀態」，同時處於分離與和合的疊加之中。

有些人在婚姻關係中感受不到幸福，無法忍受不確定性，就急於尋求離婚。不過急於主動離婚，本身就是在消耗自己的精力。

如果你真的不在乎這段關係，除非有新伴侶在催促你，否則你完全可以拖延，直到對方無法忍受時再解決問題。直到那時，你會有更多議價的能力，局勢更有利於你。但那些寧願放棄自身利益和議價能力也要主動花力氣離婚的人，只是想盡快結束懸浮狀態，這樣才能讓自己感到舒適。

不想離婚的人則會選擇主動解決問題。他們寧願自己稍微委屈一些，也希望讓婚姻回到熟悉的軌道上。他們無法適應這種不確定未來的生活，不願讓婚姻一直處於分合相疊的狀態中，所以主動做出改變，消除不確定感，緩解懸浮帶來的焦慮。

如果對方覺得無所謂，可以接受分離或和合，那他對懸浮狀態的耐受度較高，自然也就不會著急做出改變。很多時候，真正的釋放不是積極選擇方向，而是不去消耗精力思考下一步該怎麼走。

一個人之所以無法忍受婚姻的懸浮狀態，是因為婚姻在他的生活中占據了主導地位。他的工作、娛樂、學習都圍繞著婚姻運行，一旦婚姻動搖，整個生活也跟著失去重心，他無法忍受懸浮狀態。而那些能夠忍受的人，除了婚姻，還有許多其他事情要處理，婚姻只是他們生活中的一小部分，不必在其中消耗全部精力。

如果你急於妥協或離開，不妨先問問自己：「婚姻是否占據了你生活中的主導地位？你為婚姻投入了多少精力？」

如果你問我，婚姻中是否應該透過成長改變自己，我非常支持人們尋求改變，畢竟「變則通，通則達」，但改變自己不是為了迎合對方，而是為了滿足自己。如果你覺得改變是為了對方，你會在這個過程中感到委屈；但如果你知道你是為自己而改變，你會更加坦然。

成長不是改變自己，而是為了實現自己的目標。

改變自己的前提是意識到你更看重什麼，然後選擇放下或實現那個關注點。無論是放下還是實現，最終目的都是為了讓自己更自在、更舒適。

你要明白，你成長和改變的目的，是讓自己感到舒適。

難道讓自己感到舒適，還得靠別人來替你完成嗎？當然，如果別人能幫助你，那會更好；但當對方不配合時，你也要明白，你的舒適應由自己負責。

改變自己不僅能看到妥協的可能性，更是重新思考關係和做決策的過程。你需要思考：為什麼你更看重關係，為什麼你更看重和諧，為什麼你更看重確定感？

妥協，只是改變的一種方式，你有多種選擇：選擇改變自己，是為了讓自己感到更舒適；選擇離開，是為了讓自己感到更舒適；選擇改變對方，是為了讓自己感到更舒適；選擇僵持，也是為了讓自己感到更舒適。

改變自己可能會讓對方因此受益，但最大的受益者一定是你自己。

你改變的目的是讓自己更舒適，而不是單純為了維持婚姻。

你的舒適感，比婚姻本身更重要。

自我成長包括以下三個部分：

1. 增強自己對關係破裂的耐受能力：當你對關係的重視程度小於對方時，對方會改變。

2. 提高自己對衝突的耐受能力：當你比對方更能接受你們之間的衝突時，對方就會改變。

3. 提高對懸浮狀態的耐受能力：婚姻只是生活中的一小部分，你還有自我、生活、娛樂、工作等。當你比對方更能耐受時，對方就會先尋求改變。

也許你會擔心，如果我一直放下，是不是最後這段婚姻關係會破裂，就真的會放棄這段婚姻？那你需要思考：為什麼對方不擔心關係破裂呢？為什麼這段婚姻對你來說，似乎比對他來得更加重要？

只有兩人對婚姻的重視程度相當，才是成長的原動力。如果婚姻對你們的意義不平等，那麼這段關係就會失去平衡，這才是問題的根源，因此更重視婚姻的那一方往往會先選擇改變。你也可以思考，自己是否願意成為那個更重視婚姻或者是不重視的一方。

14 從自我成長開始影響伴侶

我一個人成長，能不能帶動伴侶改變？先說結論：可以，但不建議當作目的。關係是互動的結果，一個人的改變必然會影響另外一個人的行為與態度，這樣的例子並不少見。

有心理學家進行了一項長期追蹤實驗，將程度相當的學生隨機分配到兩個班級裡，一個班級正常成長，另一個班級則暗示他們是被特意挑選出來的佼佼者。二十年後，後者的成就顯著優於其他班級。這個實驗告訴我們，當你欣賞一個人時，他就會朝著你期待的方向發展，這被稱為期待效應、暗示效應或自我預言效應。

反之，當你總是對一個人說「你怎麼這麼不負責任」，他可能真的會變得越來越不負責任，因為他覺得無論他承擔多少責任，只要達不到你的期望，你會開始指責他，他感到負責任和不負責任的待遇是一樣的，於是他失去了負責任的動力。

當你對孩子說「你怎麼這麼笨」，孩子也會接受這個評價，並變得越來越笨。因為他覺得即使努力了也沒被認可，他會體驗到絕望，覺得擺爛更輕鬆些。

如果零分和九十九分的待遇是一樣的，很少有人會選擇努力到九十九分；但九十九分的待遇若明顯高於零分，人們就會有努力的動力。

我們每個人都會受到暗示的影響，我們是什麼樣的人，不僅取決於自己，還取決於身邊周圍的人如何看待我們。孟母三遷的故事告訴我們，一個人追求更好的自己，是希望透過與環境的互動來實現的。

同理，在兩個人的關係中，你和伴侶相互作用，你如何對待伴侶大抵決定了他成為什麼樣的人。

以上是原理，而以下是透過自我成長帶動伴侶成長的兩種方法：

1. 減少對伴侶的壓力

如果你對伴侶的期望過高，他會感到被壓迫，會有窒息感。如果你沒有期望，伴侶又會覺得自己不重要，會有被忽視的感覺。因此，有合理的期望範圍，可以讓你們更好地相處。

自我成長實際上意味著既能依賴伴侶，也有能力獨立。依賴伴侶可以分擔你的一部分壓力，而獨立則避免過度依賴導致失望。當你的期望值落在伴侶能夠接受的範圍內時，他會感受到一種「被需要而沒有壓力」的感覺，這種感覺很好，會激發他更願意為你付出的動力，從而讓關係更加和諧。

要實現這一點其實並不難：拒絕做你不願意做的事情，同時向對方尋求幫助。在這個過程中，伴侶會學會如何與你相處，而前提是你要保持覺察，清楚知道自己不願做什麼，對方能夠做什麼——這也是你需要自我成長的一部分。

2. 增加伴侶付出的動力

學會欣賞伴侶是激勵他更願意付出的良好方式。兩個人的相處就像是半杯水，另一半不可能永遠對你既無所付出，也不全力以赴。他的付出，永遠會處於「有但不夠」的狀態。

在這種情況下，你對他的付出所做的評價非常重要。你是看到杯子裡有水，還是看到杯子裡沒有水？你是看到他所做的那部分，還是專注於他未做的那部分？你是表達對他所做的那部分的欣賞，還是對他未做的那部分表示不滿？

當你表達欣賞和感激時，對方覺得自己被看見了，而被看見就是行動的動力。基於你的觀察，他也會發現更好的自己，從而對伴侶關係更有信心。

重要的是，這種欣賞不是空洞的「你很好」、「你很棒」，而是真誠地發現他所做的那部分，發現其中的好。這需要你有一雙能夠發現美好的眼睛，這也是你自我成長的一部分。

那麼，一個人成長，另一個人似乎在享受成果？

理論上說，你的成長確實可以帶動另一個人成長和改變，但你若以此為目的，就很容易產生巨大的心理不平衡感，會不斷感到委屈，並會追問「為什麼」、「憑什麼」。這種感覺就像是兩個人坐在同一艘船上，只有你在划船卻有兩個人受益，產生這種委屈的感覺是很正常的。

因此，以「利他」為出發點的自我成長是不可取的。自我成長的首要目標應該是為自己，而不是為他人。如同「贈人玫瑰，手有餘香」，**自我成長的伴侶能夠從你的改變中學習，並將其內化為自己的改變，慢慢成為更好的自己**。這樣的過程，也會反過來加強你的改變，同時讓你在這段關係中掌握了主動權。

舉個能讓你體會這種動力的例子：許多人在都市努力工作，擁有大房子，白天上班，家裡有保姆做飯、照顧孩子，曬太陽、喝咖啡。有人開玩笑說：「年輕人拚命努力工作，最後讓保姆過了理想生活。」但是如果讓你選擇，你會選擇這些奮鬥者辛苦的生活還是保姆的生活？

最大的區別在於，保姆的生活不是他自己的生活，而是由別人提供的；奮鬥者雖然辛苦，但他們過得踏實。婚姻中的成長也是如此，你成長是為了自己，而伴侶只是順帶受益而已。如果有一天你不希望伴侶再受益時，你隨時都可以結束關係。

15 為什麼我們會習慣性地包攬責任

有同學問：「在與朋友相處或親密關係中，每當發生衝突後，明明知道對方也有責任，但只要對方開口，我就會下意識地自動承擔責任。事後我會後悔不已，這是為什麼呢？」

明明是對方的錯，卻主動承擔責任，這看起來似乎很傻，實際上卻很聰明，因為主動承擔責任是化解衝突的最佳方式。

試著感受以下這兩句所帶來的效果：「都是你的錯」和「我來處理吧」，前者很容易引發更多衝突，而後者則會緩和衝突；一個是點燃火苗，一個是撲滅火勢。

之所以會選擇承擔，可能是你對衝突的容忍度較低，無意識地、習慣性地害怕發生更大的衝突，因此寧願自己多承擔一些責任，好讓事情趕快平息。因為面對更大的衝突，你會感到無力應對。

但在衝突解決後，你會意識到這樣做委屈了自己，然後開始後悔：「為什麼我要委屈自己呢？」實際上，這只是在危險時，下意識保護自己的策略而已。也許不是最理智的作法，卻是最安全的作法。

每個人在危險和緊張的情況下，必然會自動退回到自己最熟悉的應對方式，因為這種方式在你的經驗中是最安全的，它無數次讓你得以生存下來。

就像你小時候，每當你感覺要與人產生更大的衝突時，你總是從自身找問題，因為這是你認為能讓自己安全度過衝突的最佳方式。也許，你對衝突有太多糟糕的經歷，而那些經歷曾經讓你無法應對，讓你極度害怕，所以你再也不想經歷這種恐懼了。因此，你選擇主動承擔責任來保護自己，這正是你潛意識的聰明之舉。

當你習慣性地承擔責任後，不必責怪自己，反而要關注自己：為什麼我如此害怕與他人產生更大的衝突呢？我曾經經歷過什麼難以承受的衝突呢？那時我是如何透過「主動承擔責任」來度過的呢？

當你重新思考這些問題時，相信你會做出新的決定。

要知道，你的感受是重要的，你本身也很重要，你值得找到更好的方式來保護自己。

16 如何保持界限，不為別人的情緒負責

有些人在遇到別人不開心時，他們會感到緊張，希望能安慰對方；當別人向他們傾訴煩惱時，他們會感到有壓力，總覺得需要為對方提供解決方案；甚至在別人還沒開口求助時，他們就已經看不下去，覺得對方會感到痛苦。

但是，這些人的時間、精力和能力都非常有限，無法做那麼多事情，因此會產生煩躁的情緒。有些人會試圖安慰自己：「這是小時候父母給予的模式，只能承受父母的情緒，自己的情緒不被允許。」但是，知道這些又能怎麼樣呢？有些人會責怪自己，認為自己沒有清晰的界限，不應該事事操心。

有時候，你確實需要對別人的情緒和困惑負責，因為「唇亡齒寒」。如果這個人不開心，接下來會影響你，因此先解決他的不開心就是為了避免自己遇到麻煩。

比如，一個孩子正在哭泣。你不能繼續做其他事情，而是要先安慰他，然後才

能處理自己的事情。又比如，如果老闆不開心，你需要小心，避免再惹他生氣，以免自己受到牽連。

雖然表面上一個人的開心與否是他自己的事情，但你會被影響、牽連其中。在這時，他的情緒就成了你的一部分，你們在那一刻形成了共生關係。

你並不是在為別人負責，而是為了自己的利益照顧對方。

因此，照顧好別人，就是照顧自己的未來。

問題是：接下來的傷害真的存在嗎？

在小時候，父母不開心，你也會受到影響。明明不是你的錯，但情緒會傳染到你身上。這時候，聰明的作法不是講道理，而是先照顧好父母的情緒。

但現在呢？對面那個人的不開心，真的會對你造成影響嗎？這時，你需要做出現實判斷：如果會受到影響，那麼你確實需要為對方的情緒負責；如果沒有影響，你可以問問自己「你認為的影響從何而來？」

接著，一次次地告訴自己要剝離，對自己說：「沒關係了。」

這也是劃清你和他之間界限、從共生到有界限的過程。

我們需要學會劃清界限，但你也要知道，此刻你並不需要為他人的情緒負責；同樣地，在下一刻，他人也不會為你的情緒負責。當你感到不開心或遇到困難時，他人也有可能不會關心你。

劃清界限的意義有兩面，一方面是你不再為他人的情緒負責；另一方面是他人也不再為你的情緒負責。

很多時候，在努力照顧好他人情緒的背後，你會有一個幻想：希望自己的情緒也能被他人照顧。你照顧他人的情緒，實際上是因為你需要他人照顧你的情緒。你認為他人也有這樣的需求，於是你先付出，期待能換來相同的回應。

然而，**劃清界限的重要一步就是：在將來的某一天，當你自己感到不開心時，你要首先學會照顧自己**，而不是幻想著有人來照顧你，這才是真正的獨立。

17 越渴望回應，越容易挫敗

當你能夠照顧好自己的情緒，而不再指望他人照顧時，你就開始相信，他人同樣有能力照顧自己，不需要你承擔責任。這也點出情感需求中的常見矛盾——越渴望回應，越容易感到挫敗，期待就像是身在地獄。

在親密關係中，當你期待一個人給予回應、關注、認可、重視和陪伴，但他無動於衷時，你很難放下這種期待，那種感覺就像進入地獄一般。這正是親密關係中最令人抓狂的事情：我需要他，但他不回應我。

有些人會勸自己要放下，告訴自己：「算了吧，我不需要了，我已經不再抱有期待了。」但事實上，我們很難做到真正放下，只要需求沒有被滿足時，我們就會感到委屈和憤怒……其實，期待始終存在。

有些人會選擇透過放棄關係來回避自己對對方的需求，認為只要離開這種狀態就會好起來。然而，他們又會找到一堆無法離開的理由，其實是內心仍抱有幻想，認為對方是最能滿足自己需求的人。

真正不再抱有期待的人，不會因為對方的所作所為讓自己的心情起伏不定。他們設定了界限，拒絕再被傷害，不再期待對方做什麼。他們變得淡然，無論做與不做都視之為對方的自由，與自己無關。

當你的內心仍然因為另一個人起伏不定時，你需要面對自己的內心：雖然不應該再有牽掛，但你確實需要他。你需要思考的是，在明知不會被滿足的情況下，為什麼仍然對這個人抱有期待？

向一個無法滿足你需求的人索取回應、關注和幫助，往往只會體驗到挫敗感。當你有需要卻被拒絕時，你會感到委屈、挫敗和無助，這種感覺雖然讓你難受，卻意外地讓你感到熟悉。

這種感覺與你內心深處「我不重要」，「我不值得被愛」的自我認知相符合。在這種難受中，你的感覺會特別強烈，會特別有存在感。

但讓一個人有存在感的，並不總是快樂與喜悅，而是一種情緒上的激動。當這種情緒激動的程度越高，你越能夠體驗到自己活著的感覺。

如果你變得聰明，開始學習「獲得滿足的技巧」、「及時放手尋找新的伴侶」等有效方法來滿足自己的需求，你會開始體驗到成功、幸福、愉悅和有價值感。這樣的你，雖然「很好」，卻也會讓你感到陌生和危險。於是，為了不讓自己體驗美好，潛意識會讓你陷入困境，讓你一次又一次體驗到挫敗，這種挫敗感會讓你忠於自己的內心小孩。

如果從小到大，你一直感受到不被關心、不被重視和沒有陪伴，那麼你內心會有很多委屈和壓抑。這些小時候的委屈若沒有得到關懷，它將一直存在。長大後，潛意識會不斷讓你體驗這種糟糕的感覺，提醒你曾經受過苦，你需要給自己關懷。

所以，如果你真的想找到滿足感，首先要做好準備：「我準備好過幸福的生活了嗎？我願意讓自己變得幸福嗎？」

向伴侶索取情感上的滿足，會讓人產生一種「理所當然」的感覺。你會覺得，伴侶是最應該給予你情感滿足的人，而你之所以認為伴侶「應該滿足你情感需求」的理由有很多：我為他付出很多，所以他也應該為我付出，給予我情感上的滿足；他是我的伴侶，伴侶之間就應該這樣，所以他應該給予我情感上的滿足；他說過他愛我，所以我才把自己託付給他，所以他應該給予我情感上的滿足；我很匱乏，內心世界很貧窮，我很可憐，所以他應該給予我情感上的滿足……

從道理上說，他確實是最應該滿足你需求的人，但我們常常用「應該」這個詞來綁架身邊的人。有些人憎恨父母，覺得父母應該給予他們關注、認可和支持；有些人會抱怨公司，認為公司應該提供福利、體諒和關懷。

這些「應該」似乎合情合理，然而世界並不是由「應該」構成的。最應該滿足你的人，不見得是最能滿足你的人，而那些最能滿足你需求的人，往往是沒有義務給你滿足的人。

內心的匱乏也是如此。有時，從內心富足的人那裡尋求滿足，比從內心匱乏的人那裡尋求滿足更能安慰自己。有人會問，別人憑什麼安慰你？但你要相信總有些人內心充滿愛，即使你們剛剛相識，他們也願意給予你許多滿足感。

所以，如果你真的想找到幸福感，與其問「誰最應該滿足你」，你更需要思考的是「誰最能滿足你」。

向伴侶索取情感滿足，往往會讓你逃避社交。

誰最能滿足你的內心需求呢？實際上，可能是陌生人和朋友。當你孤單時，需要有人陪伴，有時一個你不熟悉的人比身旁的人更能陪伴你。當你需要回應時，有時你的好友比手機裡置頂的人更能及時回應你。當你需要認可時，有時那些曾經的同窗好友更能滿足你。

有些人認為，他人的滿足都不值得，只有某個特定的人才能給他滿足。那是因為你從未真正看待別人，眼中只有伴侶一個人，於是不知道其他人也能給你許多滿足感。也許某些人的照顧讓你感到不舒服，但這並不代表所有人都如此——你只需要花時間，去找到那個讓你感到舒適的人。

這之中更大的困難其實在於，你是否願意暴露自己的脆弱。

如果你想要別人回應、認可、支持和陪伴你，就需要告訴別人你其實很脆弱，你的生活並不如意，你很難受。這意味著你「看起來一切很好」的形象會被打破，這可能會讓你感到羞恥，進而回避與他人過於親近。此時，你需要敞開心扉，相信自己的不好也可以得到支援和喜歡。

有些人覺得，這樣麻煩到別人，其實這是內心「我不重要」的信念在作祟。他們潛意識裡覺得自己的需求不值得別人關心，不值得別人花時間，但只要你表達出自己的需求，其實有很多人都願意竭盡全力滿足你。

你或許不是他們世界中最重要的人，但你是重要的。

有些人將所有的需求都寄託在親密關係中，其實是在逃避建立其他社交關係。因為他們認為，抓住一隻羊比尋找優質羊來得更容易——哪怕這隻羊沒那麼理想，至少不必再面對陌生、不確定和重新建立連結的風險。

為什麼我們仍然需要親密關係呢？親密關係確實是我們內心需求的重要滿足來源之一，但並不是唯一。當你遇到困難時，伴侶可能是最能給你支持和安全感的，但未必是最理解、關心和回應你的人；伴侶可能透過行動、解決問題來表達關心，但未必能用言語、細節和日常生活來表達關心。

伴侶有兩個不能：不能滿足你所有的心理需求，不能隨時滿足你的心理需求，所以社交關係不是替代品，而是必要的補充。當你願意主動建立社交關係，你就可以將部分需求轉移到其他人身上，這樣你的親密關係就有了呼吸空間，你的世界也會變得更加豐富。

很多人的社交只是維護自己的形象、獲取資源、保持一定距離。但別忘了，社交關係也是情感的重要來源之一，不應該被忽視。

18 社交關係和親密關係有什麼不同

我們內心深處，對每個人都保有一定的距離感。我們對有些人親近，對有些人疏離，而絕對的親近是一種共生關係，你會覺得對方是你的一部分；絕對的疏離則是陌生人，你與他們毫無關係。

關係分為「社交關係」和「親密關係」，遠離的關係被稱為社交關係，我們與這類人相處時會採用社交模式；親近的關係則是親密關係，我們與這類人相處時會採用親密模式，但這兩者關係之間，並沒有明確的界線，遠與近不是絕對的。

在角色層面上，關係可以是夫妻、親子、親戚、網友、同學、同事、朋友、合作夥伴等，但在內心的感受中，只有遠或近、社交或親密的區別。

夫妻、親子等關係看似親密，但並不一定如此。有些人在伴侶面前就像在社交關係中一樣，需要偽裝、小心謹慎，而在一些陌生人面前，可能會感受到放鬆、理解和接納，覺得親近。

「社交關係」和「親密關係」的區別在於是否需要偽裝。

在社交關係中，你需要表演，需要管理自己的形象。你會努力打造一個良好的形象，展現出自己聰明、善良、優秀和得體的一面，讓對方知道你是出色的，從而維持社交關係。

有些人努力追求卓越，改變自己的缺點，其實是為了更順利地建立社交關係，因為他們想塑造一個「更好的自己」，好讓自己獲得更多人脈與認同。

相反地，在親密關係中，你可以放鬆、自在，因為真實的你是被接納、被允許和被尊重的。你相信自己的脆弱、孤獨和缺點都是被允許的，所以你不需要偽裝。

在親密關係中，你只需要「做你自己」，而不是「成為更好的自己」。

社交關係的核心是「欣賞」，親密關係的核心是「接納」。在被欣賞中，我感受到自己很出色；在被接納中，我感受到自己是可以被允許的。

感受到「我很出色」固然很好，但維持這種感覺會很累；而感受到「我是可以被允許的」，則讓人感到輕鬆自在。

人的一生需要不斷體驗這兩種感覺，遺憾的是，有些人執著於追求別人告訴他「你很出色」，將關係不斷轉變為社交關係，卻難以找到真正接納自己的人，也因此無法獲得真正的親密。

建立社交關係仰賴於形象管理。你表現得越出色，越容易吸引更多人靠近你。換句話說，在某種程度上，你越優秀，就越能吸引更多人對你產生好感。而建立親密關係，則來自於願意展現自己的脆弱。你透露出更多的脆弱之處，就能體驗到更深層次的親密感，因為那正是對方在接納你真實樣貌時，雙方情感連結最深刻的時刻。

你的優秀程度，決定了你能建立多少遠距離的社交關係；而你願意袒露自己的程度，則決定了你能和某個人能有多親近。如果你非常優秀，會有很多人崇拜你；若你展示了真實的一面，就能與親密的人建立更深的關係。

優秀，決定了有多少人喜歡你；袒露，則決定了這些人喜歡你的程度。

如果你想建立親密關係，就要有勇氣展示自己的脆弱。若只是單方面追求優秀和完美，的確可以讓更多人欣賞你，但不能保證他們會進一步喜歡你。

即使你擁有很多社交關係，也無法真正減輕你的孤獨感。你可能在舞臺上閃耀奪目，在社交圈中非常活躍，得到很多人的關注與崇拜。這能讓你暫時忘記孤獨，並陶醉其中，但這些人最終會散去——當你回到家、躺在床上，你又變回那個真實的自己，而那股孤獨感依然存在，甚至更加嚴重。

除非，你學會袒露自己，將社交關係進一步轉化為親密關係。

袒露自己，是存在著風險的。

第一個風險是別人會拋棄你，但這往往只是讓你失去了一些社交關係，真正接納你的人會留下來，進而發展成親密關係。換句話說，袒露自我其實是一種篩選，幫助你篩選出那些真正願意陪伴和接納你的人。

如果你總是透過展示優秀來維持關係，你將一直停留在社交圈裡，無法確定誰是真正喜歡你的。

第二個風險是受到傷害。當你敞開心扉後，他人可能會利用你的脆弱攻擊你，因此，你需要一步步慢慢暴露，借此來試探對方的態度。

有些人在戀愛、婚姻關係中從未真正放鬆過，深信伴侶無法承受自己的脆弱，從而將這段關係變成了社交關係，因此他們沒有體驗過真正的親密。如果你的伴侶無法給你親密感，那麼你應該嘗試去尋找能讓你感到安心與靠近的親密關係。

當你小心維護一段關係、努力讓自己看起來更優秀時，或是當你與某個人在一起時，不妨先問問自己：「我想要的是保持社交關係，還是一段更親密的連結？」這將決定你是要展現更出色的一面，還是嘗試告訴對方自己的一些脆弱之處。

那麼，我們該如何袒露自己呢？

你可以試著告訴對方你經歷了什麼困擾，你為什麼感到不開心，你為什麼感到自卑，你為什麼感到失落、難過、恐懼……即使你當下不願意袒露自己，也可以從引導對方袒露自己開始。

如果你希望對方對你產生親密感，你可以問他：「你怎麼了？」「你為什麼不開心？」「你在擔心什麼？」「你是否感到委屈？」「你害怕自己不被喜歡嗎？」

心理諮詢師就是透過這樣的提問讓來訪者敞開心扉，與諮詢師建立親密感。如果你想修復與伴侶的關係，或者是想與孩子建立親密關係，你真正需要問的是「你怎麼了」，而不是說「你應該怎麼做」。

「你應該怎麼做」是在試圖引導對方變成一個出色的人，那會讓原本的親密關係轉變為社交關係，拉開你們之間的距離；而「你怎麼了」會將對方變成一個願意向你敞開心扉的人，你們之間的距離會越來越近，關係會越來越親密。

所以，你希望對方怎麼對待你呢？

19 被拒絕，那又怎樣

有些人在被拒絕時會特別受傷，出於禮貌或自尊，他們會選擇默默承受傷害。他們會表現出僵硬的狀態，不知道下一步該怎麼辦，雖然說著「沒事、沒事」，心裡卻在流血。

被拒絕之所以讓人那麼難受，往往是因為心中產生了兩種信念：

1. 別人拒絕我是因為我不好。這時候，人們體驗到了非常糟糕的自我形象，但這是自我價值感在作祟。你的脆弱心靈，在被拒絕的那一刻碎裂了。

2. 別人是堅決、果斷的，他們的拒絕是無法改變的；改變別人是不可能的，結果只能由自己承擔；別人不會顧及我的感受，也不會為了我做出改變。這種感覺就像面對一個無法完成的任務，讓人無助又孤單。

事實上，世界上所有的拒絕都有轉圜的可能性，只要你願意嘗試，你就有可能改變結果——拒絕，並不是一個永恆的狀態。

接下來，我會介紹三種方法，這些方法不保證每次都有效，但可以提高被拒絕後轉圜的可能性。

第一種方法：反復提。

如果你在第一次提要求時被拒絕了，這並不代表著你提第二次也會被拒絕。如果你願意以認真的態度再次表達，甚至多次表達，就會有轉圜的可能。

1. 讓對方知道這個要求的重要性

對方拒絕你，可能是因為他不知道這個需求對你來說很重要。他根據自己的經驗預設了這只是件小事，如果你多次表達，對方就會從你的多次請求中，感受到你的要求之於你的重要性，從而有可能重新評估。第一次拒絕可能有很多原因，但隨著請求次數增加，人們在互動中的想法也會發生改變。

如果你多表達幾次，你就有了打開對方心扉的可能。就好像你插充電器，第一次沒插好，你多試幾次就能夠插對了。所以，為什麼要在第一次被拒絕之後，就放棄嘗試第二次呢？

2. 讓對方理解這個要求的重要性

對方可能無法理解你的需求為什麼這麼重要。

有些人認為自己的需求很重要，也會默認對方能理解這個需求的重要性。但事實上，透過簡單的言語，對方往往無法理解這個需求對你而言的意義。

因此，當你第二次嘗試提出需求的過程中，不妨加上一些解釋，說明這個需求對你來說為什麼很重要，為什麼你希望由對方來滿足你的需求。這麼做，即使被拒絕了，你也提高了轉圜的可能性。

這種方法的重點是，讓對方「知道」並「理解」這個需求對你來說非常重要。而你，千萬別默認對方已經懂了。

第二種方法：交換。

即使別人理解了這對你的重要性，仍然可能拒絕你，因為他有另外的考量：答應你對他來說沒有好處，甚至有壞處；滿足你對他來說得不償失；雖然滿足你可以讓你高興，但對方覺得此刻的你不值得他付出那麼多。這時，你們的關係處在「我有求於你」的失衡狀態。

你可以思考，自己能做些什麼，讓對方覺得滿足你是件值得的事呢？你可以試著用交換的方法來重新實現平衡，對方就有了滿足需求的可能。你可以做的包括：

1. 詢問顧慮

你可以問對方有何顧慮，例如：「你怎麼想？」「你擔心什麼？」「你覺得有什麼難處？」你可以透過真誠的溝通，找出對方真正在意的問題，並幫助他解決這些顧慮，這樣他拒絕的可能性便會降低。

2. 詢問需求

「那麼，我可以做些什麼，讓你願意滿足我的需求呢？」「我可以為你做些什麼，換取你來滿足我呢？」當你提出這個問題時，你已經促使對方開始思考，進而提升了轉圜的可能性。你可以邀請對方提出他的需求，這樣你與對方就有了進一步協商的機會。

3. 提出建議

如果對方無法想出解決方法，你可以說：「如果我可以做什麼，你願意滿足我的需求嗎？」比如，我曾經想參加一個老師的課程，便提出希望對方能給我優惠，但被拒絕了。於是我提出：「那我能不能幫你宣傳，介紹一些同學來上你的課？這樣你能給我優惠嗎？」對方直接提出如果我介紹五個同學來，他就讓我免費上課。

4. 主動尋找

有時候，提問是無效的，對方可能不願回答、不願與你溝通，或不願欠你人情。這時候，情商高的人會主動瞭解對方的需求，並主動滿足他們。例如有些被客戶拒絕的人會調查客戶的個人生活需求，然後盡力滿足他們，讓客戶感受到誠意與用心，最終因此感動而願意簽合約。

透過以上方法，你可以提高被拒絕後轉圜的可能性。記住，真正有效的交換是雙方都能獲益，透過互相滿足需求，你與對方之間的關係可以達到更好的平衡。

第三種方法：威脅。

如果對方還是不願滿足你，代表滿足你這件事對他來說確實需要妥協或犧牲，這可能是現實層面的犧牲，也可能是心理層面的妥協。不論是何種付出，對方都會感到不舒服。這時候，你可以透過「讓他因為不答應你而感到更不舒服」，來抵消他因答應你而產生的不適感。

先講一個鑽石和刀子的故事：有位王子對女孩說：「給你這顆鑽石，你願意嫁給我嗎？」女孩說：「我考慮一下。」在回家的路上，女孩遇到了一名歹徒，歹徒拿出刀子對女孩說：「如果你不嫁給我，我就殺了你。」於是，歹徒得到了女孩。

相比於獲得，人們更厭惡損失。因此，你可以告訴對方：「如果你不滿足我的需求，我會對你……以我現在的能力、資源和手段，我可以影響到你的……」透過這樣的方式，迫使對方願意為你妥協。

只要你掌握了對方的軟肋，知道他在乎什麼，你就可以使用這種方法。但這個方法應該是最後手段，要慎重使用，因為每使用一次，其效果就會減弱一些。對方一旦被你威脅過一次，就會做心理建設以防下次發生。

當然，你可以在平時多關心對方、多付出，增加他對你的依賴感。這樣一來，等你真正有需要時，你就有更多的「威脅本錢」來讓他做出讓步。

你可以看看自己手裡有哪些底牌，靈活運用以上策略，你就學會了有效應對被拒絕的方法。

心智不成熟的人在被拒絕時會被情緒左右，有時候會陷入自責、自我懷疑、孤獨、脆弱、挫敗和迷茫等情緒之中，而心智成熟的人會思考以下四個問題：

1. 我想要什麼？
2. 為什麼對方拒絕我？
3. 我可以做什麼來改變對方的想法？
4. 當我嘗試了所有方法後，對方仍然不改變時，我還能做些什麼？

被拒絕從來不是什麼可怕的事情，它是一種生活中再平常不過的挫折。挫折本身並不可怕，可怕的是因為一次挫折就選擇放棄並倒下。你當然可以選擇放棄，但在放棄之前，要思考是否還有其他方法可以嘗試，放棄是否值得，是否是自己心甘情願的。如果答案是肯定的，那就好好地放下，讓自己釋懷。

當你為自己想要的東西思考和努力時，相信這個世界總會以某種方式回饋你，而你就實現了大多數人羨慕的一種狀態——心想事成。

20 媽媽，家庭中的人生導師

我們來談談心理學中的「媽媽」。當然，這裡也包括現實生活中的「爸爸」。首先要知道，「媽媽」是一個「人」，然後才是一位媽媽。

身為一個人，媽媽不可能做到完全無條件接納孩子。即使他常常有這個願望和幻想，但這在現實中是無法做到的。作為一個人，媽媽有自己的價值觀，內心存在許多關於「人應該怎麼做」，「什麼是不好的」等想法。

例如：人應該優先考慮他人的感受，即使處於困境也在所不惜；人應該追求卓越，平凡是糟糕的；人應該十全十美，犯錯是糟糕的；人應該順從權威，叛逆和自我是糟糕的……這些都是媽媽對「人生應該如何度過」這個生命議題的看法。

媽媽不會認為這是他自己的價值觀，而是將其視為世界的真理、唯一的規則，並要求孩子按照相同的價值觀生活。一旦孩子不認同這些價值觀，媽媽就會產生拋棄孩子的念頭，儘管這種幻想是在潛意識裡默默進行的，但是孩子能感受得到這個想法。為了生存下去，孩子會迎合媽媽，甚至認為只有這一條路可走。

聽起來有點危言聳聽，讓我們來看幾個例子。

在電視劇《了不起的兒科醫生》裡，演員陳曉扮演一位非常厲害的兒科醫生鄧子昂，他在事業上非常成功，但對談戀愛沒什麼興趣。

鄧子昂的童年非常悲慘。爸爸、媽媽每天忙於工作，沒有時間照顧他，父母只負責提供足夠的金錢讓他自己成長。在鄧子昂生病暈倒後，是別人發現並送到醫院的，當他醒來時父母也沒有在身邊。對鄧子昂來說，這樣的經歷是非常痛苦的。

鄧子昂長大後，有一次媽媽忘記了他的生日，第二天來道歉並約他共進晚餐。然而，剛商定好晚餐時間，媽媽又因為一通工作電話而離開。在媽媽的眼裡，工作比兒子的生日更重要。

在漫長的成長過程中，鄧子昂要如何生存下去呢？他應該要相信家庭比工作更重要嗎？這樣的期望只會讓他感到絕望。他只能預設這個世界的規則，「人必須將工作放在第一位」，「依賴他人是不好的」，只有這樣才有可能生存下去。

鄧子昂的父母從未教他這些規則，但他透過觀察父母並認同他們的人生觀，才能在這個世界上生存下去。

上學遲到會被責罵嗎？

同學A有一個就讀幼稚園的女兒。每天早上，A都會用不耐煩的語氣要求女兒快點穿衣服、快點收拾東西，不允許女兒遲到。

我和A討論他為什麼如此著急，A說：「幼稚園老師說七點四十分到校，你總要提早一點到吧。如果遲到，老師會念小孩。」

實際上，A並沒有真的去確認幼稚園老師是否會責罵遲到幾分鐘的學生，但A堅信這是事實，並堅信「遲到會被罵」和「被責罵是一件糟糕的事」。A認為被責罵有多糟糕，他對女兒遲到的行為就會有多憤怒。

從動機角度來看，A的憤怒實際上是為了保護女兒，避免他經歷糟糕的情況。那女兒為什麼會拖拖拉拉的呢？要麼不相信遲到會被念，要麼認為被念並不可怕。這時，女兒和媽媽的價值觀不同，而價值觀不同的代價就是女兒必須承受媽媽的情緒風暴。對女兒來說，遲到的懲罰並非來自老師，而是來自媽媽。

對一個五歲的孩子來說，這無異於自己要被拋棄、被傷害。如果女兒不迅速認同媽媽的價值觀並放棄自己的想法，他的生存將受到威脅，因此他只能認同媽媽的「人是不能遲到的」這一條路。

不那麼優秀也可以嗎？

同學C是一位成功人士，他的女兒也非常優秀。他認為女兒是比工作還重要的存在，因此對女兒寄予了很多的期待：陪他去打冰上曲棍球，參加比賽，希望他贏得很多的獎項。

有一次，女兒打比賽獲得第三名，讓C很生氣。他認為女兒不夠上進、訓練不夠認真投入，而且只得了第三名還不感到羞愧。當C和我談論女兒打比賽得了第三名時，我看到C滿臉的不滿。

我對C說：「你好像不喜歡第三名的女兒。」C有些不情願地承認了。

我接著問：「如果將來你的女兒成就平凡，你會有什麼感覺呢？」

C說：「我會覺得我付出了很多精力，女兒卻不爭氣，我會感到很失望。」

C每次對女兒憤怒、厭棄和失望，實際上都是在告訴女兒：「我不喜歡你安於平凡，我想懲罰你，我想拋棄你。如果你不夠優秀或者不努力追求表現優秀，你就不配好好活著。」

在這種情緒的影響下，女兒該如何生存呢？面對一個比自己強大的人，要與他共處幾十年，唯有順從是最安全的方式。選擇順從的女兒必須內化出一種價值觀來支撐自己：「人必須不斷追求優秀，平凡和懶惰是糟糕的。」而這正也是母親對待自己的方式。

儘管C從未對女兒說過「你必須保持優秀」之類的話，也從未表達過這樣的期待，但C每次對待女兒的態度都在告訴他：「如果你不按照我的方式去活，我將剝奪你的生存資源，用我的情緒將你淹沒。」

在媽媽的世界裡，有一套自己的排序邏輯：別人很重要，優秀很重要，做對很重要，事情很重要，工作很重要，聽話很重要，守時很重要……

媽媽以為自己可以做到無條件接納孩子，然而當孩子的行為與自己的價值觀不符時，媽媽就會表現出焦慮。比如你認為「勤勞很重要」，當你的孩子偷懶時，你就會焦慮；你認為「別人很重要」，當孩子先考慮自己而不是別人時，你會憤怒。

發生一、兩次你還可以忍耐，但忍耐本身是無法長久維持的。

你會發現，在長時間的相處中，所有的忍耐最終都會爆發。

人的本能會排斥與自己生活方式不一致的選擇，這是可以理解的。我們可以尊重別人與我們的生活方式不同，但前提是：你離我遠一點，我們沒有太多的交集。

親子關係作為非常親密的關係，媽媽往往無法接受孩子的價值觀與自己不同。孩子可以在行為上表現叛逆，做出與媽媽不同的選擇，但對於「什麼是更重要的」「人的一生該如何度過」之類的核心價值觀，則必須保持一致。

若要說媽媽能否真的做到無條件接納孩子，有一個準則是：媽媽對自己有多寬容，才會對孩子有多寬容。媽媽願意嘗試多少種人生方式，才能允許孩子嘗試多少種人生方式。

21 母愛與焦慮：透過焦慮看愛與成長

大家有沒有曾對自己的孩子發過脾氣？例如，看到孩子不認真寫作業或過度沉迷於手機，就感到很生氣……成為媽媽後，有些人會對自己感到憤怒，即使學了很多育兒知識，依然會感到焦慮。當孩子遇到問題時，這些人會忍不住自責自己不是一個完美的媽媽，為此感到沮喪和挫敗。

雖然理智上我們知道，因為孩子或者自己生氣而產生負面情緒是沒有必要的，但真的很難做到不受影響。

我想從一個不同的角度，來討論媽媽對孩子的控制和負面情緒發洩這件事。

你非常關心孩子，因為你有很強的責任感；你深愛著孩子，擔心他的未來；你對孩子要求很高，希望他變得越來越好，甚至成為完美的孩子。這些都是你最初的動機，但由於某些原因，你無法真實地表達自己的情感，結果在孩子面前表現出來的就是帶著憤怒的語氣與態度。

你表現出來的是生氣和其他負面情緒，實際上，你的內心是焦慮的。你之所以焦慮，是因為你關心孩子、擔心孩子，而這一切都源自你對孩子的愛。

當然，這並不代表用憤怒或控制的方式來表達對孩子的愛就是正確的，但我們也不應該忽視媽媽的動機——即擔心孩子未來的幸福，擔心他遭遇困難等。因此，媽媽們需要調整的是自己的表達方式，而不是完全否定自己。

我想告訴憤怒的媽媽們，**當你對孩子表達憤怒情緒時，我希望你不要忘記自己最初的動機：你是因為真心愛他、關心他，所以才這麼在意他。**

既然如此，真正的問題不是媽媽為什麼會憤怒，而是媽媽為什麼會焦慮。

在媽媽的世界裡，有讓自己和孩子都感到辛苦的預設：幸福是一件很難的事。如果要實現幸福，我們必須變得優秀，必須進入好大學，必須擁有好工作。我們替幸福設定了許多條件，並且向孩子暗示，如果你將來沒達到這些條件，你可能很難得到幸福，更誇張的是：活著，本身就是一件很難的事情。

媽媽擔心孩子將來無法生存、找不到好工作、無法成功，生活會過得很艱辛。因為在媽媽自己的人生經驗裡，也需要很多條件才能繼續生存，所以他會想抓住那些「活下去的關鍵」。哪怕你只是個孩子，他也要告訴你，為了二十年後的生存，你現在必須努力。

活著真的很難，但孩子無法理解：「什麼？為了二十年後能好生存，現在就要付出這麼多？」所以他不會配合你，因為他沒有你的焦慮，也無法理解你的焦慮。於是，媽媽只好換個方式——好吧，既然你無法理解，我就用憤怒的表情、誇張的語氣「嚇」你，讓你現在就感受到壓力和恐懼，讓你明白如果不認真讀書，現在就會有危險。

媽媽為什麼會把向這種焦慮傳遞給孩子呢？

因為他自己的生活就是這樣——總覺得不幸福，他認為只有擁有了更多、更好的東西之後，才能幸福、才能生活，這就是他生活中的危機感。

憤怒，只是他傳遞自己世界中危機感的一種方式。他不相信一個普通人可以平凡地過得幸福，所以他用憤怒的方式告訴孩子：普通人是無法獲得幸福的，甚至普通人的生活會很艱難。

說到底，媽媽對孩子的教育基本上是在傳遞媽媽的價值觀。當孩子抗拒接受媽媽的價值觀時，媽媽就會感到憤怒。因此，媽媽可以首先思考自己：「我應該以什麼樣的方式度過我的一生？這種方式會讓我幸福和放鬆嗎？如果沒有，我能做些什麼事來讓自己的生活更幸福呢？」

如果你堅信自己的價值觀是正確的，認為普通人是很難過得幸福的，人們應該在恐懼中努力變得優秀才得以生存、得到幸福生活。這時，你需要思考的是，如何將這種價值觀用更好的方式傳遞給孩子呢？

第三章

好好說話，好好傾聽

01 家庭的語言：誰有情緒，誰勝利

有同學說：「我的兒子八歲了，最近總是情緒崩潰，大喊大叫，有不順他的意的地方就發脾氣。作為媽媽，我很擔心，不知道該怎麼安慰他。」

我告訴這位同學：「你應該欣賞你的孩子，他如此富有智慧且具有生命力。」

這個孩子經常發脾氣，媽媽特此前來尋求安慰和指導。媽媽的擔心非常合理，愛發脾氣的確會帶來不好的結果，但與此同時，這也是孩子的勝利——媽媽非常擔心他，想安慰他，他成功地引起了媽媽的關注——他成功地用「情緒崩潰」來獲取媽媽關注的方式。

每個孩子都在努力摸索，找出能夠引起媽媽關注自己的方式，只要他曾經因為某個行為獲得媽媽的關注，他就會下意識強化這種行為。有些孩子發現，乖巧可以吸引媽媽的注意；表現優秀會被稱讚，同樣能吸引媽媽的注意；也有些孩子發現，調皮搗蛋最能得到媽媽的注意，這都是孩子的智慧，也是孩子富有生命力的表現。

透過觀察，你可以知道家裡誰是最聰明的人：在你的家庭中，是誰以什麼方式吸引了你的注意力？你又是透過什麼方式獲得其他家庭成員的關注呢？

這位媽媽補充道：「這個是大寶，我還有一個三歲的二寶。二寶很調皮，有時候大寶在寫作業或做其他事情時，二寶會來搗亂。大寶會把二寶推開，還會說要『決鬥』，結果二寶就開始哭鬧。這時候我會告訴大寶：『你這麼大了，應該讓一下你弟弟。』但大寶會說：『我要公平！他可以欺負我，為什麼我不能欺負他！』我會耐心跟大寶講道理：『你們是兄弟，哪有什麼公平、不公平啊。』」

「大的應該讓小的」是孤立孩子的一句話，這句話實際上是在說：「我站在弟弟那邊，你才是外人，我們不在乎你。」

從媽媽的角度來看，兩個孩子都是自己的，沒有公平和不公平之分，但對孩子來說，對方只是競爭者，我讓他，那誰來讓我呢？

更重要的是，這位媽媽的行為無意間在告訴大寶，三歲的弟弟可以靠哭鬧獲得媽媽的關注、保護和支持，甚至可以因此壓過甚至是傷害八歲的孩子。

幸好，孩子懂得使用「公平」這個詞來獲得媽媽的關注。

從這些互動中其實可以看出，媽媽心裡已經排出了家庭順序：二寶是第一位，大寶是第二位，自己是第三位。這使得二寶最有可能鬧，其次是大寶，而媽媽則是那個永遠要控制情緒、不能鬧的人。

這位媽媽繼續說：「我其實也有意識到，大寶對我提出要求和對我說一些否定的話很反感，但我從未想過為什麼。其實，不只我會說這些話，連爺爺、奶奶也會說，不過我都會制止他們。」

孩子是聰明的，在過去乖巧的時候，別人怎麼批評他都沒關係，媽媽也不太會制止。但現在，因為他變得情緒敏感、容易爆發，媽媽終於開始保護他了——對孩子來說，這是一場勝利。

在弟弟、媽媽和自己的三角關係中，他輸給了弟弟，但在爺爺與奶奶、媽媽和自己的三角關係中，他透過情緒化的表現贏了爺爺、奶奶。這個過程不是孩子故意的，而是完全是無意識的。

發脾氣，真是強大的武器。

最後，這位媽媽補充說：「我老公也經常責備我說『大寶的脾氣這麼差，你怎麼都不好好管一下？』我覺得很委屈，難道我不想管嗎？是我不知道該怎麼管，我根本管不動啊。他對我發脾氣有什麼用呢？」

有趣的是，這個家裡的爸爸對媽媽發脾氣了。爸爸的情緒需要媽媽妥協，而這份妥協的徵兆就是媽媽的「委屈」。一個不願意委屈自己的媽媽，在接收到爸爸的負面情緒後，第一反應是憤怒和反駁：「你憑什麼說我！你怎麼不去管孩子！」因為這位媽媽不像爸爸情緒那麼激動，所以爸爸一直都掌控著媽媽的情緒。

每個家庭都有自己的語言，在這個家中不是媽媽說了算，也不是孩子說了算，甚至不是爸爸說了算，這個家中有一個很明顯卻又看不見的主人——情緒。

誰有情緒，誰說了算；誰有情緒，誰有話語權；誰有情緒，誰就得到照顧；誰的情緒爆炸最大，誰得到的照顧就最多。

對這位媽媽來說，他潛意識中總是在照顧「有情緒的人」。無論是大寶、二寶還是他的丈夫，只要有人表現出爆發性的負面情緒，他都會去安撫、去處理，於是他們都可以用情緒來驅使媽媽。

對這位媽媽來說，他的生活一直都在滅火。他的生活總是在解決問題，他有無盡的問題需要解決，他把所有的問題都按照輕重緩急來排序，而那個情緒爆炸的人就是最緊急的。

他過得非常疲憊，沒有時間休息，他不知道該怎麼辦，我也無法給予建議，因為他還沒有意識到，自己缺少的不是解決問題的方法，而是「精力」——一個精力不足的人，無論擁有多少方法都派不上用場。

那他的精力去哪裡了呢？**一個從不照顧自己的人，怎麼可能會有精力？事情如此重要，別人的情緒如此重要，那麼自己的位置又在哪裡呢？**

我對他說：「你這麼忙碌，甚至沒有時間照顧自己。每個人的情緒都很重要，而作為最乖巧、最沒有情緒的你，卻是最不重要的那個。」

所以，在家中真正該被好好照顧的，其實是那個一直把自己放在最後的你。

02 當媽媽的建議和抱怨讓你很煩時……

有同學說，他不喜歡媽媽嘮叨，無法忍受媽媽的控制欲。一方面，他們在反抗媽媽，對他的嘮叨表現出不耐煩，對他的控制欲感到憤怒，透過拒絕溝通的方式進行抗爭；另一方面，他們自責，意識到媽媽年紀大了不容易，而自己卻用殘忍的方式對待他。

不僅子女會自責，其實有些媽媽也會自責。一方面，他們忍不住要插手子女的生活；另一方面，他們也意識到自己已經老了，囉哩囉嗦的確惹人煩。因此，母親和子女都會掉進「攻擊—自責—攻擊—自責」的循環當中。

那麼，媽媽為什麼要嘮叨，為什麼要干涉子女的生活呢？因為他看到你長大，有自己的想法、有自己的世界了，你不再像小時候那樣需要他了，他內心深處有了被拋棄的失落感。

他曾經在你心中占據著至關重要的位置，那樣強烈的親密感和價值感，這些正面感受讓他樂於為你付出很多。然而隨著時間的推移，一切都在悄然發生變化。你的羽翼豐滿了，世界變大了，更多的人和事湧入你的世界，他在你的世界中所占的比例越來越小。這讓他難以接受，就像領地被一點點侵蝕。

誰願意束手就擒？誰願意放手呢？所以他主動給你建議，主動提供幫助。就算你沒有表達自己的困難，他也會假設你有困難——因為他仍然希望在你的世界中保有一席之地。然而，你沒有以前那麼需要了。畢竟你經歷了滄海，不再覺得他提供的池塘有水；你經歷了巫山，不再覺得他的小土丘是山。

媽媽的建議有用嗎？其實是有用的。

不是說他的建議在現實中對你有多大幫助，而是在他「建議」之後，你願意反駁他、跟他聊天了，所以他的建議對他來說是有用的。

你對他給予你的其他東西沒有回應，不會主動交談，不會告訴他你的困難，不會分享你的小祕密。但是在他給出建議後，你開始顯得不耐煩，開始憤怒，要求他不要嘮嘮叨叨。你開始從自己的小世界中抽出身來，回應他了。

儘管你不耐煩地與他說話，你們之間還是恢復了溝通。不耐煩、憤怒、抱怨是家庭氛圍的一部分，相較於兩人各自玩手機互不干擾，爭吵是一種高能量的互動，像水加熱至沸騰一樣，雖然累，但至少熱騰騰的。這讓人忘記孤獨、忘記無聊、忘記時間，他的眼中有你，你的眼中有他。

這不是固執，是媽媽的智慧——他在堅持用自己的方式努力維繫跟你的關係，媽媽仍然有能力為自己的內心爭取一片土地，然而你會想阻止媽媽。

當你對媽媽說：「我不需要你的建議，不要再給我建議了。你能不能不要嘮嘮叨叨……」你只是想保護自己，想守住自己的邊界，給自己一些喘息的空間——媽媽的愛讓你感到整個身心都被侵占了，但在媽媽聽來，你在說你不需要他了。

在他的世界裡，他一直在用自己的社會經驗與你維繫關係，這是他獲得價值感的來源。雖然你只是說不需要他的建議，並沒表達你需要他做什麼，也沒有告訴他你需要他說什麼，對他來說，這個「你不需要了」是一個巨大的打擊，他不願接受這個事實。沒人願意被拋棄——尤其是被自己付出了很多的人，他不會置之不理，他會選擇反抗。

那我們應該怎麼辦呢？

雖然媽媽的的很多認知可能都不如處在新時代的你，但對你來說，現在的他並不是毫無價值的，你需要告訴他，你需要他做什麼。

你不要說「我需要尊重」或「我需要空間」，這些話的意思是「拜託你不要給我添亂」，只會讓他覺得你嫌他煩。

你可以表達你真正的需要，告訴他你想要他做什麼好吃的、需要他說明他做了什麼事情。很多人認為對父母好的方式是讓他們享受生活，但實際上，讓父母感到有價值、有參與感和成就感，讓他們感到自己被需要才是更好的方式。

如果你真的沒有需求，那就讓他知道你已經得到了什麼，例如媽媽現在還在為你做什麼？他是在替你準備一日三餐，還是在經濟方面幫助你？他是在幫你照顧你的孩子，還是給了你一個溫暖的家？讓他知道，你仍需要他，一旦他有參與感，就不再需要透過口頭上的建議來干預你的生活了。

你也可以關心他。媽媽其實只是想和你維持聯繫，在他眼裡，從前他是一個有經驗、有能力的強者，而你是一個沒經驗、弱小的孩子，所以他會用自己的建議來幫助你。但現在你已經長大了，你已經成為一個比他懂得更多事情、更有生存能力的人了，你可以幫助他、關心他了。

你的社會功能已經成熟了，你的心智水準也可以長大些了。**長大並不是對媽媽怒吼「別管我」，那只是青春期的叛逆；真正的長大是你學會了關心他人**。你可以問媽媽：「你最近跟爸爸吵架已經和好了嗎？你在工作中遇到了哪些困難？有沒有什麼我可以幫你的？」或者用他的方式關心他：「媽媽，你不要總是宅在家裡，這樣對身體不好。為了你的健康，你應該……」溫柔一點的方式就是「以前你總是關心我、照顧我，現在我長大了，輪到我關心你了」；「以前你總在操心我，希望我過得好；現在我想參與你的生活，希望你過得好」。

抱怨，只是另一種希望與對方建立關係、尋求親近、有人陪伴的方式。對自尊心強的人來說，可能無法直接表達，甚至自己都沒有意識到這些需求，因此抱怨就成了尋求回應和陪伴的一種方式。

如果希望跟對方和平相處，就需要找到新的連結方式來取代抱怨，而不是一味地制止對方抱怨。倘若找不到替代方式，其實你可以選擇與對方保持距離。畢竟，制止對方的抱怨並不會讓對方停止，只會讓你們在無效的拉鋸中疲憊不堪。

03 為什麼有的人愛講大道理

溝通是一件很重要的事情。

無論與孩子、伴侶、父母、同事、主管等人溝通，只要能在溝通中達到和諧，你和對方的關係就會迅速拉近。雖然「好好說話」看起來很困難，但其實有很多小技巧可以運用。無論你與誰溝通，所有的技巧都建立在兩個最基本的層面之上：一個層面是「情」，另一個層面是「理」。

如果對方想與你談情，你卻在跟他講理，那他就會感到煩惱；如果對方在與你講理，你卻在跟他談情，他也會感到煩惱——溝通不順暢，往往是因為頻道不對。

即使你們在討論合約這種理性的事情，彼此的感受與情感也會影響溝通結果。如果對方讓你體驗到舒心的感覺，你會下意識地想在利益上遷就他。

即使你們在談論戀愛這樣感性的事情，只要對方的說法碰觸到你的價值觀，你也會下意識想糾正對方的作法。

情和理，在溝通中是同時存在的。有時人們傾向於談情，有時更傾向於講理，因此在與他人溝通的過程中，你要先判斷對方是想與你談情還是講理，再選擇一個適合的回應方式。一旦你們的頻率一致，溝通自然就會順暢。

同樣的，如果你想讓對方難受，那當對方想與你講理時，你可以與他談情；當對方想與你談情時，你可以與他講理。這樣，你就能堵住對方的溝通能量，讓他感到難受。舉個例子，如果對方想向你請教一件事情該如何做（他其實想講理），而你只與他談情，他就會被你搞得不知道該怎麼接下去了。

要判斷你或對方此刻是在「談情」還是「講理」，首先你要有識別的能力。怎麼算是「講理」呢？

你在討論某件事情時，談論觀點、提出建議、進行分析，這些都屬於講道理。

有些人常常感到委屈，覺得自己說的都是對的，為什麼對方總是不願意聽呢？是的，你是對的。但是當對方不希望進入「理性」這一層面時，即使你的道理再怎麼正確、有價值，對方也會感到厭煩。

那怎麼算是「講情感」呢？

只要你在談論這個人，你就是在講情感；表達認同、理解、關注、情感、共情都屬於講情感。比如在溝通中說出「是的」、「沒錯」、「不容易」、「很難」、「很委屈」、「很辛苦」、「很絕望」、「很厲害」、「很開心」，這些都是在講情感。與其說你在溝通一件事，不如說你在回應這個人的狀態；你在說的不只是事情本身，你更關心他的處境和情緒。

你關注的是事情本身還是人的感受，決定了你的溝通是在講道理還是談情感。

「理性」和「情感」並不衝突，兩者是可以在溝通中同時存在的。但在溝通中會有一個著重的點，即彼此更關注什麼。你需要觀察彼此當前更關注哪一個層面，然後調整自己來配合對方，或邀請對方來配合你，這樣你們的關係就會更加和諧。

講道理是一條明亮的線，講情感則是一條隱祕的線。喜歡講道理的人通常只看到明亮的「講理線」，卻看不到隱祕的「講情感線」。

我記得多年前參加過一次相親，我為了展示自己的能力，一直在聊天過程中分析各種問題，最後女孩說：「你怎麼和我媽媽一模一樣，這麼喜歡講道理啊？」

後來，我回想起那次聊天的情景，我反省後發現，自己在那一刻正確開啟溝通的方式不是展現自己有多厲害，而是幫助他發現他有多厲害。

我繼續思考，為什麼我在那一刻無意識地忽略了情感線，只看到道理線？我平常就是這樣對自己的。一個人喜歡講大道理，是因為他對情緒和情感不夠敏感，對自己的處理方式就是每天對自己講道理，告訴自己應該怎麼做，所以他對別人也是如此。

你也可以思考一下，當你遇到困境時，你更渴望解決問題還是被人理解？你更需要被安慰還是被說明？你會先安撫自己還是先說服自己？

愛講大道理的人擁有解決問題的能力，本身就是一種非常寶貴的資源，不過他們也需要發展另一方面的能力，即渴望被理解、被關心，而這需要透過學習和思考來解決。

溝通中的這兩條線都非常重要，擅長其中一條線的人能夠在特定情境下與人進行有效的溝通，但如果你願意學習、發展另一條線，你將更擅長與人溝通，為彼此帶來愉悅的體驗。

04 樓上小孩的啟示——社交恐懼與勇氣

我家樓上有一戶人家的小孩，每天早上總是很吵，幾乎天天把我吵醒，對我這種晚睡晚起的人來說，真的特別心煩。

為了擺脫這種困擾，我腦中冒出很多應對解法：我想努力賺錢，買一棟別墅，這樣就沒人打擾我了；我很後悔為什麼沒有選擇住頂樓，這樣就沒有人吵到我了；我甚至想買一臺震樓器，在夜晚震動天花板報復樓上的人。

我知道，這些不現實，也不是最好的方法。我明白，我必須要與他進行溝通。「社會我」告訴我，這才是最好的方法。

可是一想到要去敲陌生人的門協商和溝通，我就感到非常緊張，極其抗拒。我希望對方能自覺一點，希望他們能顧及我的感受，然而「社會我」告訴我，這並不現實。

一想到要去做我根本不想做的事情，我就感到困難重重，甚至開始覺得人生從頭到尾都很艱難，覺得自己很差勁、很無力，逐漸蔓延成一種無力感──彷彿整個人生都很難，我自己也好差勁。

人的感受中，有一個「感受我」。這個「我」會根據本能和習慣做出反應，除此之外還有一個「社會我」，它會告訴你應該怎樣做才符合社會規範，進而在社會中更順利地生存。還有一個「理性我」負責協調這兩者，幫助我們走在一條既正確又能讓自己感到舒適的生活路上。

因為學習過心理學，所以此時的「理性我」開始作用：我一定要強迫自己去做這件事情嗎？如果我不去溝通，我只能忍受或者逃避嗎？

其實不是。我還可以尋找資源與支援。我思考了一下我擁有的資源，例如我可以找保全和物業協商解決，但這也會面臨與陌生人打交道的壓力。那麼，我還有哪些資源呢？

我有一些開朗、處事比較得當的朋友，我可以邀請他們來我家，並拜託他們代表我與樓上的人協商。與陌生人協商對我來說很困難，但對他們來說是小事一樁。

每個人都有擅長的領域，我知道他們也會願意幫助我。

一想到還有朋友們的支持，我心裡就安心多了。

「理性我」繼續發揮作用，讓我願意選擇自己去面對自己的恐懼。這與我不得不做已經不同了，我有了選擇的自由，我選擇了自己去面對，不再有被迫的無奈。

「理性我」在問我：你在害怕什麼？

「感受我」在說：我害怕衝突。

在我的想像中，如果我去打擾別人讓他們安靜一點，他們會拒絕，不願妥協，會有輕蔑的態度，甚至會任性地對我說：「我才不會管你，不喜歡你可以搬走。」那種感覺就像是，我不值得一個陌生人、一個我從未付出過的人為我妥協。

當我意識到自己在這份緊張中幻想出這樣的場景時，我其實不知道這些經驗是從哪裡來的，但「理性我」告訴我，以上這些可能不是真實情況。我需要做的是實際去確認，看看我的猜想是否符合事實。結果只有兩種可能：

1. 如果沒有衝突，對方態度友好，那就可以協商和妥協，而我就有了一次「改變認知」的經驗，我會意識到與陌生人打交道其實不可怕。

2. 如果被拒絕，我可以借此機會反思，為什麼我面對衝突、拒絕、輕蔑時如此脆弱，為什麼我會如此恐懼。在體驗情緒的同時，我可以更好地思考，從而學會如何更好地應對拒絕。

無論結果如何，這樣的冒險都是有意義的——要麼我得到了陌生人的體諒，要麼我學會了如何照顧自己。

這次我沒有退縮，選擇面對恐慌，同時也看到了自己的另一個資源——勇氣。那一刻，我感受到了自己可以應對問題的力量，並鼓勵自己：「加油！」

我敲門了，咚咚咚。

敲門時，我既激動又緊張，充滿期待又害怕，覺得整個心臟都快跳出來了。那一刻，我又感受到了人生的意義：探索、體驗、感受一些不同的事物。

門開了，一個年輕男子帶著一個小孩，面帶微笑詢問我有什麼事。我說：「我是樓下的鄰居，早上小孩蹦蹦跳跳的聲音會吵到我睡覺，希望可以稍微注意一下，盡量讓小朋友在客廳活動，不要在臥室……」

對方表示抱歉，解釋說小孩今天沒去幼稚園，所以比較晚起。我告訴他我九點多才起床……對方繼續道歉，並表示會注意；我向他表示感謝，深感被理解。

回到自己家，我回味著那個充滿溫暖和歉意的笑容，回想起這個世界充滿善意的一面。我明白，雖然不是所有人都有善意，但我願意去嘗試，去驗證誰是懷有善意的，誰不是。我不會因為一、兩個心懷惡意的人，而將惡意投射給整個世界。

我開始相信，其實別人是願意為你做出妥協的，願意照顧你的感受的。

一個陌生人，也可以讓你覺得自己很重要。

所謂的社交恐懼，實際上是對他人存有許多冷漠、苛刻、敵意、挑剔的幻想。唯有去驗證這些想像，才不會一直停留在自己的幻想中，我們才能慢慢瞭解真實的別人是什麼模樣，他們的溫暖和冷漠、愛和攻擊的尺度在哪裡。

05 被挑剔的時候，該怎麼辦

被挑剔的時候，該怎麼辦呢？

如果對方是你不值得惹或不想惹的人，就盡量回避或順著對方。畢竟，避免與對方繼續爭執是保護自己的一種方式。但如果對方是你可以對抗的人，最好的辦法就是予以回擊——他可以挑剔你，你也可以挑剔他。

挑剔的本質是侵犯界限，你可以將其視為兩個個體之間的一場戰爭：有人試圖侵犯你的個人領域，那你該怎麼辦呢？是妥協、放棄領土還是嚴防死守呢？

反擊，是一種選擇。對入侵者來說，你需要用實力告訴他們你不好欺負，欺負你會讓他們受傷。他們制裁你，你也可以更嚴厲地制裁他們。如果對方喜歡挑剔，你可以比他們更挑剔，這樣他們就不會再挑剔你了。

別人挑剔你是別人的事情，是你無法控制的，但你是否允許自己被挑剔就是你的事情了。在被挑剔時，如果你不拒絕、不逃離、不反擊，那就是你在默許。

拒絕沒用？那就加大火力，試試以反挑剔的方式拒絕。

總有人說「遠離那些讓你不舒服的人」，其實你也可以制止那些讓你不舒服的人的行為。但是我發現，很多人在被挑剔時只能默默忍受，一次又一次地忍耐；即使反抗也非常克制，這種克制等於在告訴對方：「我還是不敢對你怎麼樣。」

他們既不會離開這些讓自己不舒服的關係，又不會採取措施制止對方的行為。

那麼，為什麼有些人允許自己繼續留在這段被挑剔的關係中呢？

允許自己被挑剔，是因為能在被挑剔的關係中獲益。

與挑剔者相處時，你會感到委屈，而委屈意味著「我是受害者，我很可憐，我是正確的一方，卻被懲罰」。這其中的重點是「我是正確的一方」，如果被挑剔者也認為自己是錯誤的，那他會感到羞愧而不是委屈。

「我沒有錯，都是你的錯。你在欺負我，你就是壞人。如果你還不道歉，那你就是罪大惡極的人。」這正是委屈感帶來的心理作用：我是好人、你是壞人，我是對的、你是錯的。這樣的對比，讓委屈的人產生了道德上的優越感。他越覺得委屈，就越相信自己是個好人。

當「壞」都屬於對方時，委屈者就不用面對自己身上的壞、不需要承認「我也是個挑剔的人」了——其實委屈者自己同時也是個挑剔者，他只是不願意看到這樣的自己。

每個人都有挑剔的一面，對別人的某些行為感到不滿是人類非常正常的情感。挑剔和寬容就像是白天和黑夜、晴天和雨天一樣，是很正常的存在。

一個人如果對挑剔特別敏感，說明他本身也有敏感的一面，而敏感的人對別人的不滿和意見也會更多。

不是所有人都能承認自己挑剔的。有些人一旦意識到自己也會挑剔時，會認為自己是壞人、殘忍的人。為了不面對這些，他們願意留在挑剔者身邊，允許自己被挑剔，因為他們可以把這份「壞」投射到別人身上，當對方成了挑剔的「壞人」，自己就能穩穩地站在「好人」的位置上。

你要學會正視自己內心的「挑剔」。挑剔並不是找碴，它只是把你真實的不滿表達出來，而不是壓抑。挑剔別人其實很簡單，你只需要大聲、堅定地說出內心本來就有的不滿就行了。當你說得越大聲、越堅定，你就有越強大的能量擊敗對方。

但對某些人來說，卻是很難做到的事。為了安慰自己，他們會採取各種方式回避自己挑剔的一面。如果要我給這樣的人建議，我會說：「當你對他感到不滿時，你也可以挑剔他呀！」他們可能會對我說：「這也太殘忍了吧！」

殘忍？一個人在傷害你時，你選擇挑剔，這怎麼會是殘忍？對敵人仁慈實際上是對自己殘忍啊。反擊，其實是在保護自己，是一種正當防衛。

委屈者之所以不願意以強烈的挑剔方式反擊，是因為潛意識裡還有幻想：我忍受對你的不滿，不挑剔你，是希望有一天你也能這麼對我，我希望你在對我不滿的時候，你也能像我一樣忍耐、不表達出來。

很遺憾，你保護別人，換不來同樣的對待，你需要的是自我保護。

還有人會覺得：「我不能一直挑剔別人吧。」

當他們意識到自己身上有挑剔的一面，就會擔心自己變成一個「總是」挑剔別人的人，於是為了避免這個狀況，他們就成了「從不挑剔」的人。

其實，健康的心態是在心態良好、精力充沛的時候寬容，在狀態不佳、精力不足的時候挑剔。

做真實的自己，就是承認自己有挑剔的一面。**挑剔並不可恥，它可以捍衛你的個人界限，維護你的利益，照顧你的感受。**

每個人都會有想挑剔身邊人的時候，只是有人選擇忍耐，有人則假裝沒有。被挑剔是不可避免的社會現象，你能決定自己是否接受被他人挑剔，以及你要怎麼處理它，這是你可以自己控制的。

你可以為自己的現狀負責，而不是一味依賴別人來替你負責。

06 陪伴是一門理解情緒、創造連結的藝術

陪伴，是我們生活中非常重要的一環。每個人都渴望陪伴，也希望自己能夠陪伴他人——無論是孩子、伴侶、朋友，甚至是客戶。當我們感到孤單、挫敗、委屈或寂寞時，更需要他人的陪伴作為支持。

然而，很多時候我們所得到的、所給予的陪伴並不如所願，覺得這種陪伴並沒有想像中舒適，卻又說不出個所以然，這是因為我們並不瞭解陪伴的真正含義。

與某個人在一起，並不等於真正的陪伴。有些人相處起來像是室友，只是存在於另一個人的身邊，共處在一個屋簷下，卻沒有真正參與對方的生活，無法稱之為陪伴。兩個人各自玩手機、沒有交流、沒有默契，就像捷運上擦身而過的陌生人，只是彼此停留的時間稍微久了一些。有些父母以陪伴孩子之名待在家中，卻忙著做家事、處理各種事務，這同樣不是真正的陪伴。

陪伴的前提是「參與」，沒有參與就無法稱為陪伴，而參與的方式至少有三種形式：

最初階的陪伴是幫你解決問題。

當你的伴侶或孩子感到不開心時，你會怎麼做呢？許多人的反應是想辦法幫助他們解決問題，給出建議、告訴他們應該怎麼做，或者直接幫助他們解決問題，確實非常熱心。

有一個媽媽說：「我女兒在讀國中，作業常常拖到很晚才開始寫，常常無法按時完成作業，然後第二天就感到煩躁。我建議他可以與老師溝通，看看能不能減少作業量，但他不願意。我搞不懂他到底想要怎樣。」

這位媽媽已經算是比較開明的了，他的解決方式不是逼孩子早點寫作業，而是想要與老師溝通減少作業量，但他的做法仍然停留在解決問題上。

女兒因為無法負擔作業量而感到煩躁，這個問題真的需要媽媽來解決嗎？女兒的目標是解決作業問題嗎？如果是，他是希望透過減少作業量來解決問題嗎？

很多人在聽到對方抱怨時，會急於給出許多建議，這種方式會讓對方有種「你別再說了」的感覺，並不會真正被安慰到。同樣的，當你向對方傾訴煩惱，而對方急於想要解決你的問題時，你也會感到不舒服，因為這是一種侵犯。

當一個人遇到不開心的事情時，你要記住：並不是所有問題都需要解決，也不是所有問題都需要立即解決。人們在解決問題之前，需要經歷一段情緒醞釀的過程，然後自己產生解決問題的意願。

這時，在對方求助時給予幫助，才是最好的陪伴時機。在對方沒有求助時給予幫助，往往成為一種控制、侵犯和說教。

稍微好一些的陪伴方式是陪你說說話、陪你玩。

當身邊的人不開心時，你的第一反應是與他聊天、陪他放鬆心情、一起享受美食、逛街、玩遊戲等。這種陪伴方式確實在某種程度上能夠安慰人心，但實際上只是一種轉移注意力的方式——你強行將對方從一個世界拉到另一個世界，好像只要不談論眼前的問題，它就不存在了一樣。

例如有一個人失戀了，你帶他去看電影；一個孩子哭了，你給他喜歡的玩具。我曾見過一個媽媽，每當他的女兒哭泣時，他就迅速拿出手機給女兒拍照，並告訴他哭泣不好看。這種方式非常有效，女兒立刻就能停止哭泣，但我覺得很心酸，這一刻女兒的傷心並沒有人知道。

這種陪伴方式的好處是不會有人需要面對糟糕的情緒，壞處是你在暗示對方：你不能不開心，不開心是不應該、不被允許的。

如果有人在陪你說話時，恰好談論到你喜歡的話題，這會讓人感到舒服一些。你們自由暢談，從東到南，從天文到地理，非常愉快。然而，談話結束後呢？兩人之間並沒有建立更深層次的連結，你們的關係也不會變得更親近。時間過去了，你們之間不會變得更親密。

最好的陪伴是陪伴一個人的情緒。

當你抱怨時，我陪你抱怨；當你生氣時，我陪你生氣；當你遇到挫折時，我陪你一起面對；當你感到難過時，我陪你難過；當你感到孤獨時，我陪你孤獨——我只是陪伴你，而不是改變你。

當女兒因作業寫不完而感到煩躁時，你只需要說一句：「作業也太多了，真這真的很煩。」這就足夠了；當一個人與你抱怨自己因為無法賺錢而感到焦慮時，你只需要說一句：「你現在真的滿焦慮的。」當一個人說自己不夠好時，你只需要說一句：「你現在真的覺得自己不夠好喔？」

你不需要安慰他們，不需要說「不會啊」、「不是啊」或者「你很好，一切都會好起來的」。這種安慰當然也有效，但更有效的是：「是啊，你說得沒錯」。

透過你的眼睛，他們可以知道：這一切都是可以的。孤獨是可以的，悲傷是可以的，焦慮是可以的，挫敗是可以的，哭泣是可以的。除了那些會傷害自己和他人的事情，一切都是可以的。

這三種陪伴方式，傳遞出來的訊息其實非常不同。前兩種方式都在暗示：「你現在這樣不太好，我們來改變現狀吧。」而情緒的陪伴在傳達的是：「這一切都是可以的。」

允許和被看見，才是真正、良好的陪伴。

你可能很難相信，當人們被允許表達自己的情緒後，這些情緒就會得到釋放。只要你在他們身邊，靜靜地等待他們，他們就會自然而然地找到解決痛苦的勇氣和方法，自動地走出困境。

其實，每個人都有足夠的資源來解決自己的問題，只是需要一點時間、一份信任。我們急於解決問題，卻不知道自己在著急中很難釋放力量。一個好的陪伴實際上就是堅定地告訴你，這是可以的。

當你明白什麼是真正的陪伴後，首先要做的事情是——拒絕。

如果有人熱心地給你建議、想幫你解決問題，甚至替你承擔麻煩，但讓你感到不適時，請及時拒絕。你要明白，雖然對方出於好意，但那不是真正的陪伴。

如果有人總是想帶你玩，不停地與你聊天，生怕你不知道他在關心你，但讓你感到不適時，請及時拒絕。你要明白，雖然他很想陪伴你，但他並不瞭解什麼才是真正的陪伴方式。

找到一個懂得陪伴你情緒的人是一件幸福的事情。你可以尋找這樣的人，也可以邀請對方以這樣的方式陪伴你。如果你沒有那麼幸運，至少要選擇好好陪伴自己——不要急於改變自己，不要急於走出某種狀態。

許多人都鼓勵我們別陷在情緒裡，但我恰恰認為，當情緒來臨時，應該讓自己沉浸其中一段時間，它會自然地發酵，帶給你內在力量。

當你心情不好時，你不需要急於找樂子，你只需要告訴自己「我可以」——我可以感到難過，我可以感到憂傷，我可以感到委屈，我可以感到憤怒，我可以感到孤獨，我可以感到焦慮，我可以抱怨，我可以指責，我可以討好，我可以躺平，我可以……

如果沒有人懂得陪伴你，你也可以陪伴自己。

07 聊得來才是被喜歡？

優秀可能會引來他人的喜歡，這種喜歡可以分為兩種，「欣賞你」和「我想靠近你」。

「欣賞你」是人們遠遠地仰望你，欣賞你的優秀，但不一定想靠近你，也不會對你更好。比如，當你買了名牌包、開著豪車、擁有大房子、會講多國語言、獲得各種資格證照時，周圍的人會稱讚你、羨慕你，但這些人並不會因此對你更友好。這種情況下，優秀只是一種仰望。

如果只被仰望，卻沒有真正的親近，人就會感到孤單。這種欣賞並不會增加親密感，只能帶來短暫的快樂，就像初次見面時別人發出的讚嘆聲。這種優秀也不會產生離開或靠近的問題，因為別人從未接近過你，也不想靠近你。

「我想靠近你」是因為你很優秀，所以我想接近你，想跟你成為朋友、戀人，花更多時間在一起，因為你的優秀會帶來好處。

這時候，優秀的本質就是你有更多「付出」的能力。例如你考上一所好大學，父母會感到光榮，那你考上好大學就是對父母的付出；如果你變得富有，人們願意靠近你，是因為你有能力提供物質上的幫助；如果你有一份好工作，靠近你的人會感到安全，你就有了提供安全感的能力。

很多人喜歡靠近我，是因為我學習心理學，他們喜歡向我傾訴。

這種優秀能讓別人稱讚你且不離開你，你的優秀對他們來說是有價值的，他們靠近你是因為能從你身上得到更多。

很多人追求優秀是因為他們害怕孤獨、害怕被拋棄，所以他們想透過優秀來擁有付出的能力，讓自己有用、有吸引力，從而吸引他人靠近並持續留在自己身邊。

他們會認為，只要變得優秀，別人就會對我好，事實也確實如此。對於多子女的家庭來說，優秀的孩子更能減輕父母的負擔，更被父母需要，從而會得到更多的關注和重視。

所以，優秀會被愛嗎？會，因為你有價值，肯定會有人願意因此而對你好。

透過優秀和付出吸引對方留下，讓對方覺得你很好、值得重視。那問題來了，你真的喜歡這種因為你「很優秀」才對你好的人嗎？要知道，他們感興趣的並不是你個人本身，而是你的優秀，接下來更重要問題是你們要聊什麼？如何相處？

優秀可以吸引他人，但很難創造新話題，你們的話題只會圍繞著你的優秀。

如果你因為擅長讀書而得到父母喜歡，你與父母的話題就離不開「好好讀書有什麼好處」這件事；如果你因為有錢而得到父母喜歡，你們會聊有錢有多好、誰誰有錢、有錢能帶來什麼；如果你因為有一份好工作而受人喜歡，那麼與你聊天的話題就是好工作怎麼樣。

你想和他人一直談論你身上優秀的特質嗎？這樣的對話會讓你開心嗎？

如果你恰好喜歡那些帶給你優秀評價的事物，那你們就能好好交流。你熱衷於工作，所以與他人談論工作時你也會興高采烈；你有能力幫助他人，喜歡大談自己的能力、方法和資源，你也會非常開心。這時候你會感到幸福，因為你的「優秀」源自於熱愛，而你的熱愛也會讓你更喜歡談論它。

很多靠近我的人並不是因為我高富帥，而是因為我能理解他們，而我也喜歡與他們談論內心的困惑，只是除了心理問題，我與這些人之間很難有其他交流。

如果你只是為了追求優秀而優秀，且這份優秀是你不喜歡或無感的，那你會很痛苦。因為你不想談論這個話題，此時得到的喜歡和親近並不會帶給你愉悅，甚至有可能會討厭那些因此而喜歡你的人。

人們最初的想法是，如果我透過優秀吸引你，你就會喜歡我的其他部分，實際上這是很困難的。

優秀可以吸引一個人，卻無法確保你們可以處得來。短暫的相處可能可以依靠優秀，但長期相處是要靠感覺的，這份感覺來自共同的話題、開心的交流、共同的興趣，而這些興趣可以是家庭瑣事、鄰里八卦，也可以是共同愛好和深厚的情感，只要你們有共同的興趣，就會有話題可聊。

優秀可以帶來一時的快樂，但要維持長久的快樂則需要彼此能夠暢所欲言。你們不需要都很優秀，但要有話題可以聊、有話題願意分享。當你看到某篇文章、新聞、圖片時，下意識想傳給對方時，那一刻你會體驗到快樂和幸福，這與優秀無關，是與「合不合得來」有關。

每個人都有聊得來的人，也都有聊不來的人。

你可能很欣賞某些優秀的人，但你們之間無法找到共同話題。

我有一個富有的朋友，追求一位美女，但很快就分手了。美女被他的財富吸引，他們互相喜歡，然而他們在一起之後，他發現美女只對美甲、化妝、購物和追劇感興趣，而他的角色只是提供資金。這些興趣其實不需要花太多錢，這位朋友也不在意，但他覺得很無聊，在一起卻沒有交集。

他感到沮喪，所以找我傾訴。他很優秀，事業有成，財富頗豐，但無法找到屬於自己的感情。我建議他在工作圈中找到一個可以談論工作的人，或者在興趣圈中找到志趣相投的人。

聊得來是保證兩個人擁有幸福感和長期相處的基本條件，而聊得來與優秀與否無關，只與興趣相關。

如果你想要對抗孤獨，渴望親近關係，我建議你找一個可以聊得來的人。無論聊什麼日常瑣事，只要你感到輕鬆、開心，那你就會在關係中體驗到幸福。

真正值得依靠的，是透過「話題」篩選親密的對象，而不是看誰比較優秀。

同樣，付出也是如此。

有些人並不是靠「變得優秀」來吸引他人，而是直接付出。他們總是認為「我對你好，你就會對我好」，所以他們會為對方做很多事情，解決很多困難，給予對方很多金錢，為對方購買很多物品……我遇到很多來訪者會為他們的伴侶、父母付出很多，他們確實顯得很重要，而對方也因此不想離開他們。

這些人是善良的人，是所謂的「好人」，但是付出者卻不一定覺得「被愛」或感到開心，因為他們與接受付出的人之間始終存在著某種距離——我們之間的聯繫只是對你好和對我好的交換，我為你做哪些事情，你為我做哪些事情，然後呢？事情做完之後，我們該聊什麼呢？

在我的課程中，有些學生對自己的婚姻感到不滿，但又不願意離婚。他們的伴侶真的是個好人，為我的學生們付出了很多，無論是出於責任心還是習慣了對方的付出，都讓我的學生們不願意離開，但這樣的婚姻讓他們感到絕望和缺乏靈魂。他們的伴侶實在太好了，好到讓他們找不到其他吸引自己的理由，其中的問題出在是否有共同的話題可聊。

對方的付出給了他們溫暖和安全感，但這只是非常基礎的部分，並不能算是日常的交集，這讓他們在婚姻中時常感到空虛和孤獨。

一段關係如果只有安全感和溫暖，而缺乏交流的話題，就不會帶來親密感。即使只是聊彼此如何付出，也能從中產生連結與交流。

無論你是透過優秀或是付出吸引他人，讓他們對你產生喜歡和依賴，這些都只是建立關係的橋樑，你們需要的是進一步經營那份親密的交流與互動，這包括找到共同話題，互相瞭解彼此的興趣和需求，以及在日常生活中保持開放與真誠。這樣你們之間才能建立更加深入、持久、穩固、充實的關係，能夠共同面對內心深處的孤獨，並獲得真正的親密感。

08 當你對一個人有情緒時，如何表達更適合？

當你對一個人有情緒時，如何表達更適合呢？

第一種方式是不表達情緒。

這時候，你只是表達道理，指出對方應該如何行動或指責他們的錯誤，雖然你說得很正確，但對方可能不願接受，甚至反過來反駁你。

第二種方式是直接表達指向他人的情緒。

你直接告訴對方你對他們的行為感到憤怒、委屈、失望等，雖然表達中含有一些情緒詞彙，但這些情緒是指向他人的。這種表達方式可能可以讓對方更能理解你的情緒，接受的機率也會大一些。自我強大的人可能會努力安撫你的憤怒，而自我較弱的人可能會從而產生抵觸心理。

第三種方式是表達指向自己的情緒。

很多看似指向他人的情緒背後，同時蘊含了針對自己的情緒。比如，憤怒背後實際上可能有難過、內疚、傷心、恐懼、無助、焦慮、挫敗等情緒。如果你表達指向自己的情緒：「我感到很挫折」，「我有點無力」，對方接受的機率會更大。因為這時候你在表達自己，對方能意識到你可能受傷了，如果他有精力，他就可以關心你，而不是先抵禦你的攻擊。

當然，沒有任何一種方式能確保對方完全理解和接納你失控的情緒。你的表達方式能否被對方接受，其實跟四個因素有關：

1. 你的情緒強度
2. 對方能接受的情緒強度
3. 你們之間的關係親密度
4. 你的表達方式

其中，前三個因素在情緒失控的那一刻，我們比較難控制，但你可以快速地改變自己的表達方式。試著多表達「情緒背後的自己」，避免讓別人有被攻擊的感覺，就比較有可能獲得對方的關心與安撫。

如果你想得到一個人的安撫，一個很淺顯的道理就是不要傷害他，否則他需要先自我修復，然後才能有精力來安撫他人。但很可能在你的攻擊中，他連自我修復的能量都沒有了，自然也就無法安撫你。

用攻擊他人的方式表達自己的情緒，本質上是一種自虐行為——我要毀掉你，這樣你就無法愛我了；而選擇表達指向自己的情緒，也容易帶來風險——你必須暴露自己的脆弱，而脆弱的自己是會被溫柔對待，還是再一次被傷害？

這對很多人來說，是個困難又矛盾的問題。

最好的方式，就是學會安撫自己的脆弱，學會接受並面對自己的脆弱，讓它見光、吹風，讓自己熟悉這份脆弱。

當你願意展現自己的脆弱給他人時，那份脆弱也不再令人害怕，而是一種坦然的展現。

09 為什麼講道理無法改變一個人

如果一個人惹你生氣，背後其實有一個基本原因，即對方沒有按照你的說法、想法或要求去做。你之所以生氣，是因為他沒有達到你的期望。

生氣的人通常都有一些「自戀」，簡單來說就是他們認為對方應該按照他們期望的方式去改變。為了實現自己的目的，有些人在生氣時會開啟講道理模式，試圖用口才和邏輯來改變對方的意願和行為。比如：「你這樣做是不負責任的」；「你這樣做是會傷害到我的」；「你這樣做是不道德的」；「你這樣做是不對的」；「你這樣做以後一定會失敗的」……

這種人在生氣時常抱著一種幻想，認為只要證明自己是對的，對方就會妥協改變。但現實是，這樣的改變其實很困難，難點主要有兩個：

1. 你講的這些道理，很難讓對方認同。

2. 即使對方意識到自己錯了，也很難因此而改變。

為什麼講道理很難改變一個人呢？

因為「道理」只是一個幌子，你真正想要的並不是誰對、誰錯，而是誰讓誰感覺好過一些。當對方按照你的意願改變了，你會因此感到被重視、被體貼，但同時對方可能會覺得委屈、被限制，甚至感到不自在。

舉個例子，有位同學說：「我對丈夫在家裡抽菸這件事感到很生氣，抽菸對他自己的身體不好，在家裡抽菸會讓孩子吸到二手煙，也對孩子的身體不好。」這樣說聽起來有理有據，但從感受的角度來看，丈夫不在家抽煙，我就不會焦慮了，也會感覺到被丈夫重視和在乎；丈夫不在家裡抽煙，他自己會感到不自由、不自在，會覺得被要求、被控制。

很多時候，別人之所以不願意改變，並不是因為他們不知道自己對還是錯，而是因為那個改變雖然會讓你感到舒適，卻會讓他們不舒服。而人對「讓自己不舒服的事」本能地抗拒，即使知道是錯的，也不一定願意改變，所以與對方爭辯對錯沒有任何意義。

能真正讓人願意改變的動力，其實是真誠：我希望你這麼做，是因為我希望你愛我，而不是因為你是錯的。

在短期關係中，你可以用指責的方式讓對方害怕，或用講道理的方式讓對方無法反駁，從而被迫妥協，但這只是我贏你輸的方式。在長期關係裡，只有一條可行的出路——共贏，即我讓你感到舒服，你也讓我覺得自在；我滿足你，你滿足我，我們彼此都很滿足。

講道理只會讓人覺得被指責、被要求、感到不舒服，因而產生抗拒心理。你想透過講道理的方式讓一個人認識到自己的錯誤而妥協是很困難的，相反地，當你讓對方覺得輕鬆舒適，他也更可能願意讓你感覺舒適。所以，如果你想建立長期關係，就要願意做一些讓對方感到「被對待很舒適」的事情。

不過，這會讓有些人覺得很委屈：「為什麼我要討好他呢？」如果你不討好他，那他為什麼要討好你呢？不要認為「明明是他做錯了！我去討好他，這根本不公平」，但你說他錯了，他就真的錯了嗎？就算他錯了，他就應該討好你嗎？

也有人覺得自己已經讓對方感到舒適了。要注意的是，不要說「已經」，那是過去式，你現在正帶著憤怒的情緒對他講道理，他此刻並不是心甘情願地忍受你的攻擊，他感覺到的是當下的狀況讓他很不舒服。

還有人覺得，即使我讓對方感到舒適，對方也不見得會對我這麼做。當然，盲目付出只會帶來表面上的回應，並不一定能彌補你妥協所付出的代價。

真正讓人感到舒服的，不是你實際為對方做了什麼，而是你是否看見了對方的內心。當你能夠走進對方內心，看見一個人內心深處的委屈、恐懼、脆弱之後——這是一種深入的共情，他自然願意做出巨大的改變。

每個人都渴望被看見，不要急著拒絕那些帶有情緒的道理，而是試著去理解他怎麼了——這就是共情的起點。

共情其實是改善關係最好的方法，同時共情也是會消耗自我的。所以，有一個問題你必須想清楚：你是否想維持這段關係？

如果你不想，那就不要再糾結，盡快離開；如果你還捨不得離開，你可以採用指責、講道理、冷漠的方式先讓對方備受折磨，然後發洩完憤怒情緒再離開。

如果你猶豫不決，儘管口頭上說「我受夠了這段關係，我要離開」，其實是在說明你仍然需要這段關係。如果你仍然留戀這段關係，你可以試著維護它。你要相信的是，用共情來經營關係，得到的回報往往遠大於你的付出。

成年人的世界不僅是透過分辨對錯來解決問題，還可以透過權衡利弊，自問：「我想要什麼？我可以付出什麼？我願意嗎？」來解決。

那該怎麼共情？共情需要你看到對方的脆弱。他不會自己說出來，所以你必須用心觀察、靠感受去理解。那些能夠說出自己脆弱的人要麼內心強大，要麼只是在賣慘。真正的共情，是替對方說出他無法表達的脆弱。

最簡單也最困難的一步是：閉上嘴，讓對方的聲音有機會進入你的內心。

10 媽媽的憤怒：你要為我的餘生負責

有一位媽媽說：「兒子上課筆記沒有寫清楚，我讓他回家補完，他不願意寫，還說根本不用記，讓我很生氣，也感到煩躁、無力。」

這位媽媽覺得：「這麼重要、這麼簡單的事情，你為什麼不肯做呢？你怎麼能這麼懶，懶惰到這種程度還想要好成績，還想讓大家誇獎你，還想讓我滿足你那麼多的要求，你想得太美了。」

這個憤怒的表層含義是「我非常擔心你，我在為你好，我對你負責」，看得出來這位媽媽非常盡心盡責，只是表達方式不夠坦誠，媽媽背後的真正需求是「我希望你看到我對你的愛」。這時候，若能用更一致的方式來表達情緒，就能讓親子溝通更有溫度。例如，用「我很擔心」取代「我很生氣」；用「我關心你」取代「你不夠好」。

在與這位媽媽深入探索的過程中，發現他內心深處的想法是：「人怎麼可以不勞而獲呢？人必須努力付出才能獲得回報，這不是很基本的道理嗎？我真的沒有多餘的耐心跟你好好說，也真的等不及看到你什麼時候才會進步。我試過哄你、跟你交換條件、講道理、分析利弊，都沒有用。這代表什麼？只能說你根本不覺得這件事很重要，根本沒放在心上，也沒有好好學習。我真的好累。你這麼不認真，我怎麼可能推得動你？這讓我感到很沮喪也很無助。」

在這個層面上，媽媽希望孩子能看到他的疲憊、能對他的疲憊負責：「孩子，我真的太累了，也覺得自己很無能。拜託你，能不能成為一個理性、成熟、懂得遵守社會規則的人？這樣我就不用費盡心思想辦法處理你的問題了。我就可以不那麼累了。」而這句話的淺台詞是：「你應該對我的疲憊負責。」

仔細感受這句話的情緒，可以發現這位媽媽的疲憊、沮喪和無助，其實傳達著更深層的訊息：「如果你上課不好好記筆記，我就無法安心，我必須花費心思和精力引導你，這讓我感到疲憊，我不想再引導你了。但是如果我不引導你，我又覺得自己不負責任，覺得自己是一個不合格的媽媽。而且，我花這麼多時間和力氣在你身上，這會占用我做其他事情的大量時間，我就無法專心工作，無法好好賺錢。如果賺不到足夠的錢，我們全家的生活水準就會下降。我想維持或提高生活水準，不想受到影響。」

也就是說，這位媽媽的潛台詞其實是：「孩子啊，你應該為我無法做其他事情而負責，你應該為我能不能當一位負責任的媽媽負責。甚至，你應該為全家的生活品質負責。」

這位媽媽對孩子的憤怒，實際上在說：「你應該對自己的狀態負責，對我的狀態負責；你應該對自己的未來負責，更應該對我的未來負責；你應該對自己成為什麼樣的人負責，更應該對我成為什麼樣的人負責。你現在這樣的行為，會帶來多大的影響，你知道嗎？你肯定不知道，因為我也沒有仔細考慮過。但是我的感覺明確告訴我，你現在的行為與我的期望有偏差，後果非常嚴重！至於有多嚴重？有多大的影響？看看我的表情就知道了。看到了嗎！」

其實，你可以試著停下來，聽聽自己對孩子憤怒、委屈、無力的那些情緒。

在這些情緒的最深處，你在擔心什麼呢？你認為孩子的這些行為，會帶來哪些糟糕的影響呢？

很多時候，你憤怒的背後，其實只是因為太恐懼了。當你開始清楚地表達那些擔憂時，你才會意識到，自己在那一瞬間經歷了怎樣的恐懼。

那些恐懼，不需要讓孩子承擔。

那些恐懼，很可能不真實。

那些恐懼，只是你曾被恐嚇過一次又一次的循環。

我們都值得過平靜和愉快的生活，請允許孩子犯錯，請允許自己犯錯，小錯誤並不可怕，慢慢來吧。

11 當情緒失控，對他人造成了語言暴力

有些人會因為自己情緒失控而自責，例如父母在孩子犯錯時，突然大聲責備孩子；對伴侶感到不滿時，瞬間提高音量；面對客戶、商家或朋友時，控制不住自己的脾氣，憤怒如同火山一般爆發。

有些人在情緒發洩後會瞬間冷靜，對自己失控的行為感到驚訝，也不明白為什麼會如此。雖然礙於面子說不出口道歉，但內心會自責，覺得自己失控了。

接著，他們暗自下定決心下次努力控制自己，但當下一次情緒再度高漲時，卻又忍不住爆發。於是，又自責，又下定決心……進入循環。

當然，對方肯定是會被嚇到的。如果對方回擊，這時候發脾氣的人會得到一些補償，轉而要積極地應對接下來的衝突，來不及自責。最糟糕的情況是，對方被嚇到了，這時候發脾氣的人會感到自己剛才像失手殺死了一個人一樣，恐慌至極。

有一次我在街邊買小吃，我告訴老闆不要加辣，結果老闆還是加了，那一刻我莫名地感到委屈，衝著老闆大聲喊道：「我說了我不要辣！不要辣！為什麼還要給我加辣！」

老闆驚恐地看著我：「我重新做給你就好了，你為什麼要吼呢？」

那一刻，我也不知道如何回應他。

當我意識到這一點時，我真的想抱抱自己，真的想感謝那個會發脾氣的自己。

那一刻，其實我不是憤怒，而是委屈——我心中有太多的委屈。

我的喉嚨不太好，稍有風吹草動就容易發炎，話講多了容易疲倦。我曾經為命運給我一個脆弱的喉嚨而感到悲嘆。但隨著成長，我知道那不是命運賜予我的，而是我自己「吼」出來的。那天，我在街邊吃到加辣小吃時，並不是我第一次吼。年輕時的我，上課容易激動，聲音特別大聲。

我記得剛上高中的時候，我的室友跟我說：「你好好講話，不要用喊的，我們都聽得到。」那是我第一次意識到，原來我是在用大聲「喊叫」的方式表達自己。

別人都可以正常說話，但在我潛意識中，我認為只有大聲喊叫，別人才能聽得見我。這是一種非常不健康的發聲方式，然而在我成長的環境中，只有這樣才能讓我被人們聽見。

我的父母是典型的「雙聾者」，這並不是說他們耳朵有問題，而是他們喜歡沉浸在自己的世界中，一邊疏離我，又不斷地干涉我。這些干預的影響狀況不大，卻頻率極高：一下提醒我應該這樣，一下又擔心我怎麼樣。

我被這些沒有界線的干預所困擾，只有透過提高音量，我才能被人們注意到、才能被看見。我發現，他們只有看到我真正生氣的時候才會停止干涉，默默離開。如果我用正常的方式與他們溝通，很可能會被忽視。他們就像一臺答錄機，重複著相同的話語。

或許，樸實的中國家庭裡，就是習慣這種反覆牽扯的親密方式：「你說不要？沒關係，我再重複一遍！」；「不想要禮物？還是拿去吧！」；「不想吃了？再多吃點！」；「不想去？還是趕快去吧！」；「不想起床？趕快起來吧！」

在這樣的環境裡，沉默、說「不」是無法拒絕的，只有爆發怒火才能拒絕，因此我用傷害喉嚨的方式來自我拯救，獲得一絲被人們注意的機會。

那時候，我的情緒並不是憤怒，而是委屈：我需要被看到，我需要被理解，我需要被尊重，我需要……我處在崩潰的邊緣，拜託你們別再給我添麻煩了。

你可能會用不滿和憤怒的大聲喊叫來表達自己的觀點，但是在這背後，你真正想說的是：「看我、看我、看我。」你並不相信，自己以正常方式表達需求，別人就能聽見。事實上，他們真的沒有聽見，而這讓你感到被忽視，而這樣被忽視的感覺會對你的內心造成極大的困擾。

你需要意識到，你表現出來的憤怒，其實內心真正的感受是著急，是一種「渴望被看見、被聽見」的焦慮。對你來說，沒被聽見、沒被看見，就像被這個世界遺忘一樣，這種感覺非常可怕。

你提高說話音量，只是自我求救的方式，而你值得同情、關愛這樣的自己。可惜的是，當你提高音量，激動、憤怒、急切地表達想法時，對方會被你的情緒所淹沒，他們開始關注你的態度，忽視你說話的內容，於是你又再次被忽視了，這也加深了你的絕望感。這個過程一遍又一遍地「重複」：人們總是無意識地採用錯誤的自救方式，讓自己陷入熟悉的絕境之中。

那麼，該怎麼辦呢？

你需要回顧一下自己小時候是如何被忽視的。你的需要為何沒有被看見？你的聲音為何沒有被聽見？你曾經是如何學會，竭盡最後一絲力氣來自救的？在你長大之後，為什麼這種自救方式不再奏效？

你需要做的是，與小時候的你自己和解，放下小時候學到用吼叫來獲得被關注的方式，然後，重新學習新的方式——以溫柔而堅定的方式表達自己。

你的堅定不是因為你有多大聲，而是因為你值得被關注。

12 處理關係矛盾的第三種方案

一個十六歲的高中女孩突然告訴媽媽，自己和男朋友分手，而且懷孕了。這令媽媽既震驚又憤怒，他不僅不知道女兒有男朋友，更沒有想到他竟然懷孕了。

在媽媽看來，最好的選擇就是將孩子拿掉並專心完成學業，然而讓媽媽更憤怒的是，女孩想要生下孩子並獨自撫養。女孩告訴媽媽，社會上也有很多單親媽媽，自己可以打工養小孩，可以繼續讀書，可以吃苦。對媽媽來說，女兒的想法幼稚、天真，作為一個有經驗的人，他明顯知道這是不可取的。然而，十六歲的孩子是不容易被說服的。

媽媽採取了各種方式試圖說服女兒改變主意，包括指責、勸說、哀求以及動員親戚來說服他，但女兒是個倔強、叛逆的孩子，讓媽媽感到無奈。

在一次次失敗後，媽媽感到困惑：是不是自己的觀念落伍了？是否應該接受孩子的選擇？是自己需要改變嗎？是自己不夠尊重孩子嗎？此時，媽媽嘗試透過「說服自己改變」的方式來解決問題，但妥協意味著自己需要承擔養育孩子的責任，同時也要承受社會的非議，忍受孩子前途受限，甚至在未來的日子被孩子怨恨。

對媽媽來說，他面臨著兩個艱難的選擇，要麼強迫女兒改變並拿掉孩子，要麼忍痛自己改變並接受女兒的決定，而這兩個選擇都非常困難。

關係中的許多矛盾都是這種情況的縮影：要麼你妥協改變，要麼我妥協改變，可是不管是哪一方讓步，都很困難。有些人認為，這種情況可以商量並相互妥協，但這可能意味著「雙輸」。

這位媽媽來向我諮詢，我是一名心理工作者，我要從心理學的角度教他如何處理這個問題。我們需要尋找除了「你改變」、「我改變」之外的第三種可能性——**先處理關係，再處理問題**。

這位媽媽不知道的是，他現在需要處理的不僅僅是女兒意外懷孕是否要終止妊娠的問題，更重要的是他們之間存在了很多關係問題。

在一般情況下，母女之間是可以溝通的。如果孩子拒絕與母親溝通，這說明之前父母做了很多讓孩子無法表達自己的事情，讓孩子長期以來感受到不被尊重、不被理解，於是他只能透過叛逆的行為來堅持自己。

那些看似匪夷所思的單一事件，若放在關係長期互動的背景下，其實就變得沒那麼令人意外了。他們的關係早就出現了問題，女兒有太多被強迫或其他不好的體驗，這位媽媽卻毫不知情。

對媽媽來說，最令他憤怒的是女兒堅持要生下孩子，但他忽略了一點：女兒一開始並沒有思考生或不生孩子，他的感受可能是緊張、新奇、刺激、好奇，同時也伴隨著恐懼和幻想。然而，當母親得知女兒懷孕後的第一反應是指責、激動，並要求女兒立刻拿掉孩子。一個十六歲的懷孕女性，生理上已經開始分泌激素，準備好了要當母親，而媽媽的強迫反而喚起了女兒作為「準媽媽」的本能，激發他堅定要生下孩子的決心。

換個角度想，如果你意外懷孕了，對方什麼都不問，只是一味責備你並要求你拿掉孩子，你會做出什麼樣的反應呢？

不僅是這次，每當女兒做出不符合媽媽期望的事情時，媽媽總是用類似的方式來處理——指責、講道理、賣弄委屈，這會讓女兒經常感到無助，覺得無法反駁，只能被迫妥協。而這次，有一個聲音在告訴他：「不要再妥協了。」

所以，解決懷孕問題實質上是在解決關係問題，解決關係問題實質上是解決女兒長期以來被誤解、被忽視、不被重視、不被認可的問題。

在諮詢中，我沒有直接談論他女兒懷孕的事，而是談論了他女兒的出生和他養育女兒的辛勞，談論了他女兒的優點和帶給他的自豪感。我和他一起回憶了他和女兒之間許多美好的瞬間，我們回顧了女兒小時候聽話和成績優秀的過往。女兒小時候也會有叛逆期，但多數時候女兒都會向媽媽道歉。媽媽一直很愛這個女兒，並為了他努力工作，付出了很多。

同時，這位媽媽也意識到，作為他自己的孩子，女兒真的承受了很多委屈。有一次，他告訴女兒女孩子不要留長髮，否則會影響學業成績，從未考慮過女兒已經到了愛美的年紀。

他決定回去之後，要好好與女兒談談

我給他的建議是，先不急著談孩子的去留，先從關係入手。

一是真誠地詢問：「從小到大，你覺得媽媽對你做了哪些強迫你的事情？讓你感到委屈了嗎？你願意跟我說說嗎？我真的很想瞭解。」

二是真誠地道歉：「一直以來，媽媽都在用自己的意願要求你，很少考慮到你的感受，沒有傾聽你真實的想法。這是我作為媽媽的失誤，我非常抱歉。」

三是真誠地表達感激之情：「感謝你這些年來為媽媽做過很多妥協，但媽媽從未注意到過，把你的這些妥協視為理所當然。感謝你為我所做的一切。」

我告訴這位媽媽：「如果你能想辦法讓孩子敞開心扉向你抱怨，並且你能夠耐心聆聽並真誠懺悔，那麼關於生不生孩子的問題就有了討論的可能性。結果也不一定是生還是不生，而是你們可以以合作的態度來面對這個新生命。」

當我們與他人在某件事上產生矛盾時，除了「你改變」或「我改變」，還可以從關係的角度來看待問題。

先修復關係，再討論具體的事情，往往更能打開僵局。

在關係中，問題的根源不在於觀點不同，而在於我們對事情的想法早已出現了敵對態度、敵對情緒。

如果你與伴侶、孩子、父母、客戶、主管之間產生了矛盾，而你不想失去這段關係，你無法改變他們，你也不願意不斷退讓、委屈自己，那麼你可以思考此刻對方的內心正經歷著什麼？他們有哪些委屈和意見是沒有機會向你表達的？

如果你願意敞開心扉去瞭解另一個人眼中的你，你們的關係就有修復的可能，這個過程，就是包容——我透過你的敵意看到了你的傷口；我透過你強大的外表看到了你內在的脆弱；我願意去討論我們的關係，消解你內心的委屈，因為你對我很重要。

當一個人的委屈、無助、孤獨等負面情緒被理解之後，他自然願意修復關係。此刻的你，就像太陽一樣溫暖，誰會拒絕溫暖的太陽呢？

有人認為，這樣做會委屈自己。其實，你並不是非得這樣做不可，你可以放棄那些你不在乎的關係。但若你渴望擁有深度連結，那你需要具備這樣的能力，這不是為了特定某個人，而是你自己需要具備的能力——這種能力，叫作包容，是一種更高階的「愛的能力」。

擁有愛的能力，就會吸引更多愛來到你身邊。一旦你建立起深度連結的關係，你就能抵禦內心的恐慌和無助。

在這個環境變幻莫測的時代，每個人難免會感到恐慌和無助，但是「愛」可以幫助我們度過寒冬。雖然我們無法改變外部環境，但我們可以尋找內心的愛。當你發現有人與你同行，你便會感到心安和有力量。

即使你覺得這樣做很麻煩，不想包容、不想去愛，那也沒關係，你仍然可以包容自己。你可以看見自己內心的無助、焦慮、擔心、害怕、壓力和孤獨，你可以看到你曾經受傷的內在小孩，你可以清晰地描述並尋求幫助，你可以尋找那些愛你的人，而不僅僅是需要你去愛的人。

請相信，當你清晰地表達自己，你就能找到很多愛。

13 陪伴是改變焦慮的正確方式

有位同學跟我說：「我的媽媽已經七十二歲了，他有嚴重的失眠問題，整個人顯得非常焦慮，總是擔心各種事情。我每天都會打電話開導他，但效果不太明顯，我不知道該如何運用心理學知識去幫助身邊的人。」

大家身邊是否也有類似的人呢？他們可能非常焦慮，或者正在承受一些痛苦，你想幫助他們，但他們似乎對你說的話不太在意？

如果你已經與某些人劃清了界限，不希望再幫助他們，那麼恭喜你解脫了。但對於一些人來說，當他們看到另一些人在受苦時，因為愛他們，不希望他們繼續這樣痛苦下去，所以想要幫助他們。

想要幫助身邊的人是很好的，但你要先明白，說教很難改變別人的觀點。

你想要改變七十二歲媽媽的觀點，讓他不再胡思亂想、不再焦慮，但這樣做不僅無益，還可能讓他自責，加重他的焦慮，甚至讓他覺得自己不被理解。

假如媽媽告訴你：「我覺得門口有個壞人，他總是想害我。」你對他說：「不會啊，他為什麼要害你呢？你別想太多了！」媽媽可能會覺得你不理解他。

你可以嘗試另一種方式來緩解他的焦慮，與其花時間試圖開導他，不如花時間去認同他。你可以對媽媽說：「是啊，有可能是這樣。我們要小心一點，要把門鎖好了，萬一有壞人進來怎麼辦？」

想像一下，如果你這樣跟媽媽說，他會有什麼反應呢？如果你再和他一起討論危險的後果或其他細節，比如問媽媽：「你覺得這種人可能在什麼時間進來呢？你覺得他白天作案的可能性比較大，還是晚上作案的可能性比較大？」

這時候，媽媽會有什麼的反應呢？

你無需向媽媽灌輸你的心理現實，你只需要尊重他的心理現實。當焦慮被討論和被認可時，它就會緩解；當情緒被看見，它就會開始流動，而流動的情緒才能釋放壓力。

因此，幫助一個人（如果你願意幫助他們）最好的方式，就是以認同作為基礎的陪伴。陪伴不僅僅是在他們身邊，而是要讓他們知道，你與他們站在一起；陪伴是和他們一起討論他們潛意識中感興趣的話題。

為什麼陪伴可以改變母親的焦慮情緒呢？我們要先來探討焦慮的起因。

焦慮，是人與事情產生聯繫的一種方式。當我們擔心這個、擔心那個時，我們的情緒會被喚起，例如當我擔心細菌或壞人時，心中會浮現許多可能發生的事，我的世界會變得忙碌起來。

換個角度來看，焦慮其實可以對抗孤獨感。當我的心裡裝滿事情時，就不會覺得自己那麼孤單。我感覺有很多事情要做，我感到很充實。

焦慮的人，就是忙碌而充實的人。

如果一個人不焦慮，周圍又沒有人陪伴，他反而會陷入難以承受的空虛感，這也是老年人不願意閒下來的原因：沒有事可做，也沒有人陪伴，會讓人感到孤單。

當你去陪伴一個人時，你就進入了他們的心靈。你住進他們的心靈後，他們焦慮的事情就無法進入他們的內心——因為有了你，所以我不再害怕；因為你住進了我的心靈，所以那些讓我焦慮的事情可以被排除。

無須改變焦慮，焦慮只是人與這個世界產生連結的一種方式。

如果你真的想幫助身邊的人，首先要理解他們，然後與他們站在一起，這就是你能給予的愛。

愛，能消除所愛之人的焦慮。

第四章

內在成長，外在收穫

01　心智成熟的四種表現

我開設了很多自我成長課程，討論如何讓自己成長。有人問，自我成長能帶來什麼？自我成長的結果就是心智成熟。

那怎樣才算是心智成熟呢？有四種表現：

1. 不帶敵意的拒絕。
2. 不帶誘惑的深情。
3. 不帶羞恥的需要。
4. 不帶歉疚的離開。

1. 不帶敵意的拒絕

你可以對我有要求，這是你的權利，但是否接受你的要求則是我的自由。你可以評價和指責我，這是你的權利，但是否認同你說的話則是我的選擇。我尊重你，也尊重我自己，所以當我拒絕你的時候，並沒有敵意。

有的人覺得被要求是在逾越界限，實際上只是別人發出了一個希望你配合的願望而已，如果你不想配合，你有絕對的權利選擇不去那麼做。當你不願意配合別人的要求時，那不是你錯了，更不是他錯了，而是因為你不喜歡。你可以尊重對方的要求，同時選擇不去做。

有些人難以忍受指責，當別人否定你的時候，他們只會感受到自己被否定和被要求，實際上，別人說什麼只是他們發表自己觀點的方式。

我們每天聽到各式各樣的觀點，包括對天氣、他人以及自己的評價等，你完全可以根據自己的判斷決定是否同意。

當你明白別人的自由和你的權利之間有所區別時，你就可以帶著尊重和允許的態度，在喜歡的時候接受，在不喜歡的時候拒絕。

一個人在被要求時表現出憤怒，往往是因為他無法接受這件事帶來的困難，他內心只有一個想法：「你怎麼可以讓我如此為難？」

2. 不帶誘惑的深情

我對你好，是因為我愛你，絕不是因為我需要你。正因為如此，當我付出時，是不帶條件的。

心智不成熟的人的深情是帶有條件的，例如媽媽給孩子零用錢，條件是孩子要聽話；每當滿足孩子的需求時，都會加一句「那你以後要乖乖聽話」。有的伴侶在做家事、為家庭付出時，暗含著要求對方「你也要用同樣的方式對我」。

從本質上來說，這些條件就是誘惑和需要，是一種「你只有滿足我的條件，我才願意對你好」或是「我對你好，你就必須要滿足我的條件」。

真正的愛是不需要回報的。健康良好的關係是「我愛你，你也愛我」，而不是「因為我愛你，所以你應該要愛我」。心智成熟的愛是「我想愛你，所以愛你」，而不是「我需要你的時候，才去愛你」；是我不想愛你的時候就及時停止，而不是強迫自己繼續付出。

如果你開始感到內在匱乏，不確定對方對你的態度，你可以停止付出，先照顧自己，而不是透過照顧對方換取他人對你的照顧。後者是一種交換，是一種內在的損失，既然如此，為什麼不直接照顧自己呢？

在帶有誘惑的深情中，人們常常覺得：「我不能先顧自己，只有把你照顧好，我才能獲得關愛，間接照顧到自己。」

3. 不帶羞恥的需要

愛的反面就是需要。當能量充足時，人們會自動選擇去愛，這是本能；而當能量匱乏之時，人們則需要被愛，這也是本能。

需要並不可恥，但對一些人來說，感覺到有「需要」這件事，就是一種羞恥。

有些人會透過「我對你好」的方式來間接地獲得你的愛——這是經過修飾的表達方式，但是接受付出的人常常無法察覺付出者表達的意圖，從而忽略了對方的需求。於是，付出者感到失望、抱怨和憤怒，攻擊那些他們為之付出的人。

攻擊是表達需求的另一種方式。我指責你，是告訴你你做錯了什麼，是希望你能讓我感到安全與舒服、變成我期待的樣子，同時也讓我可以維持「我是對的」的高姿態。

除了以上，討好也是表達需求的方式。討好者會認為，「我照顧好你的感受，你就會對我好」，還有一種是努力：「只要我表現得好，你就會對我好」；「只要我變得更出色，你就會對我好」。

但是，直接說出來，不就是最直接表達需求的方式嗎？你可以直接說：「我現在很失落，我很需要你關心我」；「我覺得現在的自己很脆弱，我很需要你安慰我」；「我現在很孤單，我希望你可以陪陪我」。

心智不成熟的人內心往往帶有羞恥感，不允許自己正視自己的需求。「需要」會讓他們感覺到自己最不喜歡的那種脆弱與缺乏自信，於是他們選擇用防禦的方式來表達需求。他們內在的邏輯是：「我不配擁有自己的需求」；「我的脆弱，沒有人會在乎」。

心智成熟後，能夠接納自己的脆弱，相信自己值得被愛，在表達需求的時候，就不需要再帶著羞恥了。

4. 不帶歉疚的離開

有愛，就有不愛。有關係，就會有散。

很多人即使不喜歡一段關係，卻會選擇不離開，總覺得這樣會傷害到對方，因而感到歉疚。對某些人來說，即使只是短暫離開關係，也會引發強烈的歉疚感。比如媽媽要去上班，不得不短暫離開孩子，或者是有人為了工作選擇到外縣市生活。對這些無論是永久還是暫時離開關係的人來說，只要對方沒有做錯什麼，他們的離開就常常伴隨著歉疚感。

但當心智成熟後，你會發現，你並不是在做一件錯事，而是在選擇照顧自己。對你而言，在那一刻，有一些事物比留在對方身邊更重要；有一些選擇比維持關係更重要。也許，這會讓對方感到受傷，但這不是你的錯，更不代表你是一個不好的人。你也要相信，對方有能力照顧好自己。

受傷並不等於沒有能力應對，因為他在意你，所以不想你離開，即使這樣會讓他感到受傷，也不代表他不會照顧好自己。就像有些媽媽捨不得孩子哭，因為他無法面對孩子的脆弱，但哭泣恰恰是孩子消化情緒的一種方式。

你們都有足夠的能力照顧自己，你也可以選擇因為對方更重要而留下來，但無須為了「離開了，我就不是個好人」的想法而感到歉疚才留下來。

在這四種表現裡，有一些關鍵要素是我們靈魂的一部分：

1. 界限

我能為自己負責，並且相信你能為自己負責。我尊重自己，同時也尊重你，我相信我們兩個都能在某種程度上照顧好自己。

界限，是對彼此最大的尊重。

心智不成熟的人會希望別人為自己負責，這就陷入了嬰兒的狀態——我需要一個媽媽。

2. 高自尊

當我選擇拒絕你的要求時，我依然是一個好人；當我疲倦時選擇不付出，我依然是一個好人；當我脆弱時選擇需要你，我依然是一個好人；當我選擇先照顧自己而離開你時，我依然是一個好人。

我優先照顧自己，並不代表著我是自私或無情的壞人，我依然相信自己是一個善良的人。

3. 意識到有選擇的權利

我知道我正在做出自己的選擇，我也可以選擇不再委屈自己。我可以選擇保持原來的樣子，或繼續付出和忍讓，這都是我的選擇，而我也可以有新的選擇。

與以前不同的是，以前我認為我不得不這麼做，現在我知道可以選擇不做或繼續做。無論我選擇什麼，我都可以並且必須為自己負責。

當你掌握了這三個關鍵要素，你就能展現出前面說的四個特質。當這四種表現越來越頻繁地出現在你身上，就代表你在心靈成長的路上付出了許多努力，也真正開始看見成果。

恭喜你，你又在某種程度上成長了。

02 提升外在或內在就能吸引異性嗎？

求偶是人類的本能，這不僅是為了繁衍後代，更是對抗內在孤獨感和無助感的一種方式，因為人類也需要一個伴侶相互扶持，結伴生活。

對於沒那麼自信的人來說，他們內在的求偶衝動，會轉化為自我提升的動力。當一個人覺得自己不夠有魅力，無法吸引喜歡的人又無法忍受孤獨時，就會產生提升自我的衝動。他們會想透過打扮、健身、美容等方式讓自己的外在更具吸引力，希望透過學習溝通技巧、戀愛技巧等來提升內在，甚至透過自我成長、閱讀學習、禮儀訓練等方式提升內涵。

自我成長是一件非常好的事情，它代表了個人的進步。但提升外在或內在真的能夠吸引異性嗎？

答案是肯定的。當你的外在變得更美麗，你對他人的吸引力也會增加；當你變得更幽默，你也會吸引更多的人。我觀察過許多案例，一些女生透過簡單的整容，讓眼睛變大、臉型更小巧、鼻子更挺拔就吸引到更多的追求者；一些男生透過美妝讓自己看起來更酷，也贏得了更多仰慕者的芳心。

世界上有許多關於如何與伴侶相處以及如何吸引異性的課程，這些課程大多都有道理且實用。如果你堅持應用這些方法，你的親密關係確實會有很大的改善。在我的課程中，我也會大量使用一致性溝通等教學方法，幫助大家改善伴侶關係。

毫無疑問，愛情也是需要學習的。然而，有時候過度強調外在或內在的提升並不利於愛情，反而可能產生負面影響，其問題在於，吸引異性和維持與異性的關係是兩件完全不同回事——一段親密關係包含建立和維持兩個部分。

透過自我提升來吸引異性相對容易，只需認真學習即可，但要想透過提升內在或外在維持與某個異性的關係則非常困難，甚至可能產生負面效果。是的，透過自我成長來吸引異性，有時反而會傷害關係本身。

你現在對用自我提升來吸引異性的動力有多大，就代表了你對親密關係有多重視和渴望。你的渴望越強烈，你就越有可能破壞關係，因為過度重視是破壞關係的第一因素。你的高度關注會讓對方感受到壓力，甚至將對方越推越遠。

在親密關係中，過度以家庭為重的人可能會破壞關係；在親子關係中，過度關注孩子冷暖的父母也可能破壞關係；甚至在工作關係中，全心全意為公司奉獻的員工也可能破壞關係。無論是過度關注，還是完全忽視，都可能破壞關係。

一段健康的關係，應該是在親密關係、親子關係、社會關係和工作關係等多種關係中保持平衡，同時，這種平衡應與對方的重視程度保持一致。如果一方過度重視而另一方不那麼重視，關係就會走向失衡。

此刻，你的自我提升會被潛意識認定為「我這一切都是為了你」。為了和你在一起，我變得更漂亮；為了維持我們的關係，我在學習自我成長。就像許多母親為了孩子的成長而自我成長一樣，這些都可以被稱為付出感。

付出感，正是親密關係中的一大破壞力。

付出感之所以具有如此大的破壞力，是因為每一份付出的背後，都像貼了一張價格標籤，你會期望對方給予十倍甚至百倍的回報。當對方無法給予滿足期望的回報時，付出的人就會感到委屈、憤怒，進而攻擊對方，最終破壞關係。

健康的自我成長和提升——無論是外在還是內在——絕不應該是為了誰或為了

得到誰，而是為了自己。當我看到更好的自己時，本身就會感到開心並有成就感。我成長是為了自己，與其他人無關。

如果你是為了吸引某人而提升自己，其實你是在以他人為中心，以此為目的會讓人過度關注結果，而過於關注結果會導致失望和沮喪。

你應該是自己的中心，在提升自我的過程中順便吸引到其他人。只有這樣，才不會在關係中失去自我，才能夠維持一段健康的關係。

提升自我本質上是一種改變，如果改變是為了自己，那它就是自我挑戰、自我突破，是一件充滿成就感的事情。如果改變是為了吸引異性，就暗示了一個前提：「只有透過改變，我才能被你喜歡；真實的我無法被你接受。」這背後反映出一個人低估了自身價值。

當一個人帶著低估自身價值的認知進入關係時，會不自覺地降低自己的姿態，進入不平等的關係中。這種不平等會讓人產生委屈和怨恨，從而傷害到關係。

改變，應該是錦上添花的事情——改變了更好，不改變也可以。如果一個人只有靠自我提升才能吸引到伴侶，他就會離真實的自我越來越遠，在關係中也不敢輕易展示真實的自己。這樣，他與伴侶之間就會存在隔閡。缺乏真誠的關係，本身也很難長久維持。

與其關注如何變得更好來吸引異性，不如去接納那個真實的自己。你會發現，那些願意接納自己的人，往往更能帶給自己幸福。

03 為你內心的衝動而活，就是快樂

「你快樂嗎？」

你可以詢問自己此刻的感受，你對這個問題的答案是什麼呢？快樂、不快樂還是無感？你也可以回顧一下最近的生活，你的快樂程度如何？你上次體驗到快樂和滿足感是什麼時候？你印象最深刻的快樂經歷是哪一次？以上這些問題，你能回答出幾個呢？

對某些人來說，快樂似乎是個既熟悉又陌生的詞。熟悉是因為從小到大我們常常聽到；陌生是因為我們逐漸忘記了快樂的滋味。相反，如果我問你最近是否感到生氣？是否感到焦慮？你可能對這些問題更為熟悉。

如果我問你：「你想要快樂嗎？」我猜你會給出肯定的答案，這代表你沒有放棄自己，你的內心深處仍然有一團渴望快樂的火焰，只是你忘記了如何獲得快樂。

不要緊，只要你還沒有放棄對快樂的希望，我們就還有機會再次找回快樂。

那麼，快樂去哪了呢？

如果你觀察小孩子，就會發現他們身上處處都是快樂的痕跡。從嬰兒到兒童，他們沒有金錢、車子、房子，卻很容易感受到快樂。那為什麼我們長大後，擁有的越來越多，卻越來越不快樂了呢？

擁有，並不是快樂的源泉。如果我們願意深入發掘是什麼讓我們感到不快樂，就能重新找到它。

首先，我們需要思考一個基礎問題：什麼是快樂？

快樂，其實就是內心的衝動。你內心深處總是對某些事物產生衝動，當你走在街上時，你可能莫名地對某個人心生好感；當你在逛商店時，你可能突然被某件衣服吸引而停下來。這種衝動是你內心喜歡的表現，你的潛意識裡一直都知道自己喜歡什麼，對什麼有感覺。

如果你願意去發掘那些讓你產生衝動的事物，你就能體驗到快樂。

孩子和大人最大的不同在於，孩子更能傾聽自己的內心，他們知道自己此刻想要什麼，願意為內心的喜歡付諸行動。然而，他們的父母卻常常不允許他們做讓自己開心的事情，而是更希望他們做正確的事。

不能玩泥巴、不能晚歸、不能和「壞孩子」一起玩、不能「口無遮攔」……凡是能讓孩子感到快樂的事情，都會被禁止，而寫作業、做家事、體諒父母……凡是痛苦但正確的事，才是應該做的。久而久之，一個人內心的衝動會越來越弱，理性的聲音越來越強，他就不知道什麼能讓自己快樂了。

如果你長時間生活在理性的世界中，你的憤怒、焦慮、沮喪、困惑、無助、絕望和孤獨等負面情緒會一再提醒你：你正在做一些你不喜歡的事情。

負面情緒的意義之一就是提醒你，你正在受苦。你過著一種不合心意的生活，你變成了自己不喜歡的模樣，你在苦苦折磨自己。

你的潛意識在透過情緒反抗，而負面情緒也在提醒你，你應該多一些快樂。

負面情緒在說：「我知道你不喜歡現狀，我知道你有一個願望。去發掘自己的願望吧！那正是能讓你快樂的地方。」

戰勝黑暗的方法不是排斥黑暗，而是照亮它；同樣的，驅散負面情緒的方法不是排斥它，而是要有發自內心的快樂。

我內心有一個衝動，那就是想吃東西，我知道吃洋芋片、可樂、奶茶能帶給我快樂。我也知道這些食物並不健康，但是當我因為吃這些東西而感到快樂的同時，也會激發內心的焦慮，那我應該順著衝動去吃東西嗎？

這個問題很好，你已經能夠察覺自己的焦慮，你的焦慮在告訴你：「我想要一個健康的身體。」因為，擁有健康的身體也是你內心的衝動，也可以帶給你快樂。

這是影響我們快樂的第一個因素：內心的衝突。

我們常常覺得滿足內心衝動的事物可能會對健康有害；而對健康有益的事物，卻又讓我們感到苦惱。你可以將這個衝突轉化為兩種快樂之間的選擇：追求美食的快樂和追求健康的快樂，我應該選擇哪一個？

就像是魚和熊掌都能帶給我快樂，那我應該選擇哪一個呢？在兩個好的選擇之間做抉擇，這是一種幸福的困擾。

有些人覺得自己「既想……又想……」時，會責備自己太貪心，但這實際上恰好說明，能讓你快樂的事有很多。

比如「我不想工作，但我不得不工作」，這意味著「我熱愛自由，但我更熱愛金錢」；「我不想照顧孩子，但我不得不照顧」意味著「我熱愛自由，但我更愛我的孩子」。這不就是在兩個好的選擇之間做抉擇嗎？

你可能會受到他人的評判和教導影響，他們會告訴你應該選擇什麼，甚至你自己也會評判應該選擇哪個。要知道的是，沒有人可以規定你必須選擇哪一個，**選擇哪一種快樂，應該由你自己來決定**。你也可以根據自己的感受去變化，在不同的時刻做出不同的選擇，在你的世界中找到屬於自己的平衡點。

現在有一杯奶茶擺在我面前，我可以喝嗎？這時候你可以問問自己的感覺，如果享受美食帶來的快樂衝動更強，那就喝吧；如果內心想保持健康的衝動更強，那就不喝。或許有些人會擔心，如果我一直追求美食帶來的快樂，該怎麼辦？其實不用擔心。當你的焦慮達到某個臨界點時，你的思維方式就會改變，你會覺得健康的快樂更加美好。

克制是一種快樂，放縱也是一種快樂，那我應該選擇哪一個？你可以根據此刻內心的感覺來選擇，如果你更享受克制的成就感，就選擇克制；如果你更喜歡放縱享受，那就選擇放縱。

你內心的感覺，總會提醒你哪一種選擇能讓你更快樂。

當你找到了內心的衝動，你就可以做一個選擇：為了獲得這種快樂，我可以做些什麼？舉個例子，當你面對奶茶和洋芋片時，你的感覺告訴你，選擇健康的快樂會讓自己更滿足，那麼你的選擇就包括健身、飲食營養、保持規律的作息、接近大自然等，有很多方法可以讓你獲得快樂。每當你實踐內心的衝動時，你會發現有許多方法可以讓自己更快樂。

有些人可能會說：「我根本做不到啊！」這裡有一個值得思考的問題，那怎麼樣才算做到呢？是跑步十公里才叫做健身，還是跑十公尺就算？如果今天只跑了一公尺，難道就不能稱之為健身嗎？

我們去實踐內心的衝動時，每邁出一步，其實都是一種驚喜。跑十公尺就有十公尺的快樂，因為你為了健康踏出了十公尺；跑了十公里就有十公里的快樂，因為你為了自己的健康跑了十公里。

如果你認為只有跑完十公里才是快樂，那就是一種「結果導向的快樂」。這種快樂只有在實現某個特定、可量化的結果時，你才能體驗到片刻的快樂，接著你又會追逐下一個結果，等待下一個願望的實現，這樣才能再次體驗到那片刻的快樂。

這是影響我們快樂的第二個因素：過度追求結果的快樂，而忽略過程中快樂。

人生的目標並不是為了達到某個結果，結果固然會帶來快樂，但過程本身也是一種快樂。當你有一個願望，有一個內心衝動時，去實現這個願望的過程本身就是你在逐漸接近、發現更好的自己，而這就是「過程中的快樂」！

那麼，該如何讓自己快樂呢？

停止思考「我不想要什麼」，轉而思考「我想要什麼」，即跟隨自己的內心，找到自己內心渴望的衝動，這樣便可以讓自己找到過程中的快樂。放下對於結果的執著，體驗「每一點進步都帶來歡樂」的過程，這樣你可以享受整個過程。

真正的快樂是一種意義感。當你為自己內心的衝動而活時，你就會體驗到生活的意義。當你體驗到快樂時，你會對生活充滿希望，會覺得活著是一種幸福，會感受到內心深處的踏實感，會渴望擁抱每一天，會獲得快樂的體驗。

快樂的人，不一定是最優秀的，但他們一定擁有價值感。

這個過程也是做自己的過程，因為你正在為自己而活。

04 如何讓自己擁有真正的快樂

有的人經常在生活中感到空虛、麻木、無意義、缺乏存在感，不知道自己為何而活，不知道應該做些什麼，更不知道自己的喜好。他們行屍走肉般生活，缺乏活力和興趣，陷入一種與現實脫離的狀態，只是在履行應盡的義務和責任。儘管表面上看起來一切都很好，但是在夜深人靜的時候，他們會質疑自己的存在，令他們無法獲得真正的快樂。

那快樂到底去哪裡了呢？快樂被理性壓抑了。

當一個人的生活完全依賴理性運作時，他就失去了真正的自我。他壓抑了自己的興趣、喜好、理想，無法感受到內心的衝動。

一個人內心的衝動就是他真正的自我，也是真正快樂的來源。當你為自己內心的衝動而活時，你會感到活著是幸福、安穩和快樂的。如果你想活出真正的自己，活出屬於自己的生命力，關鍵在於找到內心的衝動，喚醒你對這個世界的熱愛——快樂，是可以治癒空虛感的。

那你內心的衝動在哪裡呢？你要如何找到它？做什麼可以讓你真正快樂呢？

快樂有三個層級：

第一層級的快樂來自感官刺激的滿足。

當你追隨感官的衝動，滿足視覺、味覺、聽覺、嗅覺、皮膚觸感等感官需求，你便能感受到原始的快樂。這種快樂包括享用美食、品味美酒、擁有良好睡眠、熬夜追劇、旅行觀光、在遊樂園遊玩等，這些都是極具刺激性的活動。只要在現實允許的範圍內跟隨自己的欲望，盡可能地去滿足自己即可，這些感官刺激確實能帶給人快樂。

有時候，我們會限制自己，不敢讓自己獲得這種快樂。例如我們想吃東西時，卻因為擔心變胖而限制自己不吃；想通宵追劇時，卻責備自己這樣對身體不好；想去旅行時，卻覺得浪費錢而用金錢限制自己。

克制固然有好處，能讓我們在現實層面上變得越來越好。若是過度克制，反而會讓我們無法獲得滿足感，並逐漸迷失了自己。我贊同人們不應過度放縱自己，但在安全範圍內盡可能滿足自己的欲望，才能感受到快樂。

健康的快樂狀態應該是：有時候放縱，有時候克制。

第二層級的快樂是情緒得到關懷所帶來的滿足。

什麼時候需要克制自己的感官衝動呢？當你出現焦慮、內疚、自責、空虛等負面情緒時，就是該暫停滿足感官刺激，轉而優先關注自己情緒的時候。

玩遊戲是一種讓人愉悅的感官刺激，但如果你發現玩遊戲讓你感到焦慮，此時的你更需要放下遊戲，轉而開始用讀書學習來克制自己。

在這種情況下，你之所以保持克制，不是出於「學習是正確的」的道理，而是因為你想做些事情、透過克制來安撫自己的焦慮，而這個過程是讓你感到愉悅的。同樣地，你選擇鍛鍊身體、早睡、節食，這些行動背後都不是因為對錯好壞，而是因為這些行為可以安撫你的焦慮，並帶給你滿足感。

有時候，你會感受到體內湧動著負面情緒，並因此感到難受。那我要恭喜你，現在的你擁有了快樂的機會。當你關注自己的憤怒、焦慮、恐懼、低自尊，並願意好好照顧自己的情緒時，你會感到滿足。你的情緒越強烈，關注和照顧自己之後的滿足感就越大，這就是情緒得到關懷後帶來的快樂。

情緒的關懷可以分為兩個方向：一個是自我關懷，另一個是尋求他人的關懷。請記住，這兩個方向有一個共同前提——你的情緒是非常重要的，只有當你認為自己的情緒是重要的，你才會願意為它花費精力與付出時間。

有些人在自我脆弱時會渴望親密關係，希望戀愛、改變對方對自己的愛、希望被關注和關心。其實，這樣的渴望代表著你希望有一個人可以照顧你的情緒。

當你的情緒被關懷時，你會感受到被自己愛護、理解的踏實感。

第三個層級的愉悅感來自精神層面的滿足。

閱讀一本書、聆聽一堂課、獲得靈感、成功完成一項任務、參與公益項目等，這些活動都能帶來內心的滿足感、成就感和意義感，即情緒除了被關懷，還可以透過學習和思考得到滿足，獲得精神層面的快樂。

當你透過學習、工作、鍛鍊身體來安撫自己的焦慮時，你獲得的是第二層級的情緒快樂。但如果你開始思考焦慮背後的心理過程，領悟到焦慮背後隱藏的恐懼，你將獲得昇華，感受到生命的偉大和自己的努力，你會得到精神層面的快樂。

當你感到孤獨時，也有不同層級的應對方式。你可以透過喝酒來刺激神經，排解孤獨感，從而獲得感官上的快樂；你可以尋找他人的陪伴，關懷自己的情緒，從而獲得情緒上的快樂；你也可以面對孤獨，獨自思考孤獨，領悟自己為何感到孤獨以及孤獨給予自己的意義，從而得到昇華，感受精神層面的快樂。

思考、閱讀、聆聽、諮詢、交談、冥想等方式都可以幫助你，讓你對自己和世界有更深的領悟。當你將這些領悟付諸實踐，參與公益事業、幫助他人、創作、投入項目，**將愛投注於人事物中時，你會對他人和事物充滿熱愛，從而獲得巨大的滿足感，那就是你人生的意義所在**。

你會體驗到一種「存在」的滿足感，這就是精神層面的快樂。

人類之所以與動物不同，就在於我們有更高的追求。當低層級和高層級的快樂產生衝突時，我們應該優先選擇較高層級的快樂，這樣不僅會讓我們更快樂，也會讓我們變得更成功、更幸福。

05 抵抗挫折的能力很弱，我該怎麼辦

有一位同學覺得自己在面對困難時，總是想要逃避和放棄，認為自己抵抗挫折的能力（耐挫力）很差，不知道該如何應對。

有人認為，提高耐挫力的方法是面對困難並經歷挫折，甚至有些父母會刻意讓孩子經歷失敗，希望藉此提升他們的耐挫力，但這未必是一個好主意。

我們可以將耐挫力比喻為體能：當一個人體能較差時，他應該怎麼辦？許多人認為體能差是因為缺乏訓練，因此只需加強鍛鍊，體能自然就會變好。然而，這樣的做法有時反而會造成傷害。

體能差可能有多種原因，缺乏鍛鍊只是其中之一，例如營養不良、生病、先天因素、缺乏睡眠等都可能影響體能。想像一下，一個人因為營養不良導致體能差，卻被要求加強鍛鍊，會有什麼後果？同樣的，耐挫力差也有許多原因，先天體質、

身體狀況、環境以及過度幻想等都可能導致個人耐挫力差。

僅從鍛鍊與否的角度來看，體能差的原因有兩種，第一種是大多數人的認知，即從不鍛鍊，第二種是鍛鍊過度。過度鍛鍊也會導致體能變差，像是工人、農民、白領、學生等，長期在過度勞累中透支了自己的身體，最終引發器質性精神病，導致體能惡化。

耐挫力也是一樣，只是從有沒有鍛鍊的角度來說，也有兩種可能：

第一種是從不經歷挫折。你就像溫室中的花朵，無須努力面對困難。你張口就有飯吃，伸手就有人幫你穿衣。你每次考試都名列前茅，從小到大一帆風順，你的成長歷程充滿順利。不過，這種被父母和命運寵壞的人。實際上相當罕見。

第二種是經歷過多的挫折。你從小就承受過多的挫折，父母很少關注你，甚至讓你早早承擔責任，告訴你為什麼要像大人一樣承擔責任。你成了父母的工具，為他們做事，同時你還要應對許多成長中的困難，包括學習、社交和迷茫。在這種情況下，你經歷了過多的挫折，因此對挫折產生了巨大的恐懼。

第二種情況在生活中較為常見。當孩子在經歷挫折時感到恐懼，本能是希望能依賴父母。如果父母無法提供依賴，即使孩子很害怕，也必須勇敢面對。此時，挫折在他們心中就成了一件特別可怕的事情。當我們看到一個人耐挫力差，表面上看起來「太脆弱」，這可能是他小時候經歷的挫折太痛苦了，成年後便不願再次經歷那些。

你可以想一想，造成你耐挫力較弱的原因是哪一種？是因為一直有人保護你，所以你沒機會面對挫折？還是從來沒有人保護過你，你不得不自己去面對挫折？

針對這兩種原因，有兩種不同的解決方案，如果你從小就沒經歷過挫折，那你需要多加訓練；如果你從小經歷了很多挫折，那你需要學會關愛自己，不要再強迫自己。

例如你可以學會逃避和放棄。經歷了這麼多挫折，你感到疲憊和害怕，那麼你不應該再讓自己置身於更多的挫折中。你需要休養生息，減少生活的困難，而不是強迫自己面對困難。你需要恢復自信，不再挑戰過於困難的任務。

小時候，你或許沒有選擇，不得不獨自面對生活的壓力和困難以求生存。但現在情況是否仍然如此？現在，還只能靠透過面對壓力和困難才能生存下去嗎？逃避真的那麼可怕，那麼難以接受嗎？

當你讓自己處理一些相對簡單的任務時，你會發現，自己的信心慢慢回來，能力也會增強了。

培養耐挫力是一個循序漸進的過程，而非一蹴而就的事情。

當然，放棄和逃避不是唯一的解決方法，你還可以學習求助。如果遇到無法獨自面對的巨大挫折，你可以向能夠幫助你解決問題的人求助。或許在你小時候，父母不願意或無力支持和幫助你，但這並不代表著，長大後身邊的人不願意幫助你。

只要你不再強迫自己、勉強自己面對困難，只要你不再告訴自己必須獨自承擔一切，你會找到很多保護自己的方式。

有些人會無意識地、習慣性地把自己置身於無法應對的困難中，然後強迫自己面對和堅持。但是你知道嗎？當一個人體驗到沒有人支持自己，不得不獨自面對能力範圍之外的困難時，他必然感受到孤獨和無助。

這種感覺其實早就深埋在你的內心深處，是從小到大一直隱藏著、從未被真正處理的情緒。在某種程度上，有些人會「故意」讓自己去挑戰困難，其實是潛意識地想要反復經歷那種內心的無助感，以此來證明：「我不值得擁有輕鬆的生活，無助和絕望才是我應得的」。

　　這是為什麼呢？因為你內心仍在追求父母的認同。你的無助和絕望正是父母潛意識中想讓你體驗的感覺，他們不幫助你、指揮你、否定你、恐嚇你，就是為了讓你體驗無助。所以，這時候一件很重要的事是，你要學會心理上的分離。

那只是你小時候的經歷，現在你有自己的選擇，你可以選擇擁有輕鬆的人生。你有放棄克服困難的權利，而放棄是在保護你自己，當你面對無法承受的困難時，你是自由的，你有權利保護自己。

　　也許困難不會消失，但你讓此刻的自己好過一點，難道不重要嗎？你過去已經經歷那麼多痛苦，難道還不夠嗎？現在的你還需要一遍又一遍地遭受這些痛苦嗎？

　　無論何時，你都值得更愛自己。

06 無聊時刻的心理保衛戰：專注力與刺激的博弈

人之所以難於專注在當下，是因為當下的事情有一個特點——無聊。

比如一個熟練的司機開車時，注意力常常會飄到其他事情上，很難持續專注在路面或方向盤上。開車這件事情對他們來說太熟悉了，熟悉到已經沒有新鮮感，自然變得特別無聊；而對於新手駕駛來說，開車是一件緊張刺激的事情，因此會更容易專注當下。

當人們讀書、聽課、工作或寫作業時出現注意力不集中的情況，也是因為要做的事情太無聊了，無法激發他們的興趣。有些人在打坐、冥想時經常走神，同樣是覺得太無聊了。

無聊和對錯、好壞無關，有些事情是正確的、應該做的、有好處的，但對你來說仍然是無聊的。

無聊與任務的難易程度無關，有些事情很簡單，比如吃飯，但有些人就是很難專心進食，總是要分心看其他東西。有些事情很困難，比如閱讀名著、聽力訓練，就像一串串程式碼，同樣很難讓人專注。

無聊只與「能否激發人潛意識中感興趣的刺激」有關。

當你問：「為什麼注意力很難專注在當下」時，你默認人的注意力應該集中在當下。但事實上，人的注意力並不會一直專注於當下，而是專注於刺激之中。人的身體活在當下，但注意力可以自由跳躍，隨時離開身體去任何地方。

當你在閱讀書籍時，如果書中的內容不吸引你，你的注意力自然會帶你去尋找有趣的事情。有些人在聽課時、無聊時會忍不住在書上畫畫來創造刺激；有些人忍不住玩手機，不是因為他們控制不住想要用手機的自己，而是他們的注意力希望從手機中找到能給他們刺激的內容。

不要以為你能夠完全控制自己的注意力。注意力雖然可以短暫地受意識支配，你可以強迫自己在短時間內集中注意力，但你無法持續很久。隨著時間過去，人會放鬆下來，注意力就會開始受到感官刺激的支配。

這是一種人類的自我保護機制，人們天生需要不斷接受刺激，才能感受到自己的存在。

有一個心理學實驗叫做「感官剝奪實驗」，這個實驗將人關在一個小屋子裡，提供適宜的溫濕度和光線，提供足夠但不刺激的營養，剝奪所有娛樂可能性，然後給予高薪酬，讓人待在裡面。你能堅持多久？大多數人在八小時內就開始透過吹口哨等行為來製造刺激，沒有人能堅持超過三天。

這個實驗告訴我們，人的存在感，甚至活著的意義，就在於接受新的刺激。當你強迫自己做一些無聊的事情時，本質上是「感官剝奪」。當你的注意力無法集中時，你的不專注已經在提醒你：「現在你太無聊了，一點刺激都沒有」，所以你的注意力自然想去尋找一些刺激的事情。

不專注在當下，其實代表著你不想讓自己無聊至死。

刺激大致可以分為感官的直接刺激、心理的刺激以及精神的刺激三種。

感官的直接刺激，如吃喝玩樂，能帶來愉悅和幸福感，但若過度追求反而會產生反效果。有些人會沉迷於聲色犬馬、紙醉金迷，一時興奮之後又感到空虛，這是因為人在持續接受刺激後會逐漸適應，需要更強烈的刺激才能再度感受到快感。如果無法及時提供更強烈的刺激，刺激就會瞬間中斷。當一個人從強烈刺激中切換到無刺激或輕微刺激時，就會感到空虛。

空虛是在說，心裡感覺不習慣、不適應。

就像你從強光環境走進弱光環境時，你的眼睛可能會暫時失明，而你的心理狀態從強刺激切換到弱刺激時也需要適應。

心理的刺激如努力、競爭、談戀愛、結交新朋友、旅行等，這些都可以帶來愉悅感，體驗到新鮮感、價值感、成就感、激情或其他感覺，讓你的注意力更集中。

精神的刺激指的是讓精神世界非常豐富。有些人真的熱愛閱讀學習，並不是為了追求形象或是讓自己很高尚，而是因為他們對於觸動人心的觀點感到興奮。當這些人讀到一個令人深思的觀點、自我發現、頓悟或有靈感時，會產生一種充實、堅定和昇華的滿足感。

如果你想讓自己專注，你必須從事能夠帶給你以上刺激的事情，像是愛你所愛的人，做自己感興趣的事，實現自己的夢想等等。在這些事情裡，你會感受到自己的注意力很專注，並從中體驗到滿足感。如果你總是強迫自己去做「應該做」卻無趣的事情，你會在無聊中耗盡自己的精力。

當有人提到自己無法專注時，通常是卡在學習或工作上了。這些事情聽起來是應該、很好、正確的事，只要多讀書、努力工作，自己的人生就會有更大的成就。但不可否認，學習與工作有時候真的很無聊。那該怎麼辦呢？

首先，我不建議你採用強迫自己專注的方式來面對，這樣不但效率低，還會增加挫敗感。其次，你要在學習與工作中找到精神上的樂趣，自然就會專注了。那該怎樣尋找呢？

有一個很簡單的方法：只接受你能力範圍內的知識和工作，在你的精神體力可負擔的範圍內進行。

硬要啃看不懂的書、硬接自己無法駕馭的工作，這些內容在你的大腦裡沒有對應的處理方式，對你來說就像亂碼一樣，自然會感到無聊。

人的智力是會隨精神狀態波動的。當你疲憊時，智力也會隨之下降。如果你現在真的很累，你就要尊重自己的感覺，只做你當下負荷得了的事。

你可以用一個標準判斷你現在要不要繼續進行：你的感覺是嚮往還是抵觸，是渴望還是應該？

如果你覺得此刻不喜歡了，這並不代表你一定要馬上停下來然後去玩、休息。

畢竟，你想做的事沒做完、想學的知識沒學到，這時候如果去玩會增加你的焦慮。這時，你應該做的是調整難度：去學更輕鬆的知識、去做更輕鬆的工作。

如果你怎麼調整事情的難易度都還是覺得無聊，那麼你要思考的是，你是不是走錯了方向？走在一條你不感興趣的路上，你會備受煎熬，難有所成。

許多人因為過度理性和焦慮走向了很多應該卻無聊的事。你真正需要學習的，就是識別並尊重自己的感覺。

尊重自己的感覺，才是你走向專注與成功的最快路徑。

07 潔癖和強迫症是隱藏的自我保護機制

有一位同學說：「潔癖和強迫症讓我很痛苦，很多時候，即便我不確定有沒有碰到髒的東西，也還是會把衣服全都洗一遍。只要和不太講究衛生的人待在一起，心裡就很不舒服，很害怕他們弄髒自己。」

「髒」在某些情境中，會被視為侵犯的象徵，而「乾淨」則象徵純潔。乾淨代表的是一無所有，而骯髒意味著複雜，可能包含細菌、病毒、灰塵……這些東西不像金銀珠寶，如果你認為這些骯髒的東西靠近你，那就等於某種形式的傷害在接近你，也就是一種心理上的「侵犯」。

當骯髒的東西接觸到你時，意味著潛在的傷害。這不代表它「一定」會對你造成傷害，但只要存在一點「可能性」，就足以讓你感到焦慮和恐懼。於是「潔癖」成為你的一種生活方式，是你用來保護自己避免受到傷害的方式。

這是一種自我保護，不是一種病。

小心謹慎有什麼問題嗎？

如果非要說有問題的話，那就是「過度」。當小心謹慎的程度影響到你的正常生活時，我們就需要去做一些調整了。

對大部分人來說，一般的傷害並不會造成大問題，因為我們的心理和身體都具備一定的免疫力。但對於經歷過很多侵犯和受過傷害的人來說，情況就不同了，他們會變得特別敏感，對一切小事警惕備至。

你可以回想一下自己曾經經歷過的侵犯、強迫和傷害，然後心疼自己：「我經歷了什麼才讓自己變得如此害怕，不得不竭盡全力用這些方式保護自己？」然後試著相信自己：「我已經有足夠的力量可以保護自己，不會再輕易受到傷害了。」

每個強迫症患者都曾在生命中承受過許多「被強迫」的經驗，而**你真正需要做的不是嫌棄自己，而是心疼自己**。

08 提升價值感的四種方式

自我價值感是指一個人對自己的肯定和認可，這種感覺讓我們覺得自己很好、能夠做到很棒，是一種美好的情緒體驗，反映了對自己的深度認可。

當一個人缺乏自我價值感時，他會與自己為敵，容易自我攻擊、自我否定、自我懷疑、自我嫌棄，覺得自己不夠好。

在低價值感中，人會陷入自我懷疑的狀態，想要改變卻不相信自己的能力。在這種糾纏中，人會大量消耗自己的精力直到殆盡，卻無法做出實際的改變，繼而無力改變現狀，並再次陷入自我否定的惡性循環。

不過，有高價值感也並不完全是件好事。當一個人過於相信自己非常優秀時，容易陷入自我膨脹，行事魯莽、冒進，很快就會在現實中受挫。無法接受現實挫折的人會陷入逃避和幻想的境地：「只要我不去做，我就能取得巨大成就」。

健康的價值感是客觀認識自己的能力，明白自己所處的位置，不會透過跟別人比較來評判自己的價值，不因為自己某一方面的不足而全盤否定自己，更不會因為自己某一方面的優點而過於自滿。

經常自我否定的確有它的好處，你可以藏身於自己相對安全的小世界中生活，但代價是無法展現自己的潛力，常常會被無意義感所籠罩。如果你想體驗多彩豐富的人生，你就需要提升自己的價值感。

一個人永遠不會放棄努力提升自我價值感的心。

提升價值感最直接的方式，是透過現實層面的努力來實現。如果我發現自己有不足之處，我會想辦法去改變，而自我否定、自我攻擊、自我譴責是我改變的一種方式，即我透過強烈責備自己來強迫自己改變。

人們常常認為，如果我能改變現狀，我的價值感就會提升，但這是很困難的。一個低價值感的人很難透過改變現狀來改變自己的感受，一旦他在某個方面取得了進步，他就會透過「發現比自己更好的人」、「找到自己的不足之處」、「提高自己的標準」這三種方法來繼續保持低價值感。

你可以觀察自己，你已經比十年前、二十年前的自己優秀太多了，但你的價值感有跟著明顯提升嗎？回憶一下，那時的你可能更加快樂。

透過改變現狀，其實很難提升價值感。價值感是一種體驗，你需要先改變這個體驗、先感受到自己的優點，你的心靈才會逐漸被打開，你會願意嘗試未知與冒險，你會發現你確實可以做得很好，進一步鞏固了你的價值感，形成良性循環。

除了在現實層面上的努力外，提升自我價值感還有四種途徑。如果用一個不太恰當的比喻來說，提升自我價值感就像增加財富，要開源、節流、爭取、掠奪，其前兩種方法源於自己，後兩種來自他人。

自己可以成為價值感重要的來源，而**「開源」，意思就是要發現自己的優點**。

有些人會對著鏡子大聲說「我真的很棒」一千次，但通常沒有什麼用，潛意識會立刻反駁：「胡說八道。」因為很棒是個模糊的表達，只是說自己很棒卻沒指出是哪方面、為什麼好，根本無法說服自己。

你需要去發現自己在哪些方面出色、在哪些情況下比別人出色、是怎麼做到出色表現的，為什麼這些方面很重要，這四個問題缺一不可。你發現得越多，你的價值感就會提升。

但是，當你發現自己某些方面很出色，同時又說「可是我其他方面很糟」，你就在浪費自己的價值感。**這時你需要「節流」，也就是停止自我否定**。

人一旦進入自我否定之中，就會無限放大「我不夠好」這個念頭，從某一方面不夠好開始，聯想到整個人生都一團糟。我曾經跟一位朋友分享另一位朋友的出色之處，結果他聽完後突然覺得自己不夠好，進而懷疑自己是否適合現在的工作。

當你發現自己在某些方面有所欠缺時，你需要用以下三種認知來幫助自己停止自我否定：「我只是在這些方面不夠好」；「我只是到目前為止還不夠好」；「相對於某個特定的人，我只是在某些方面不夠好」。

開源和節流的過程並不是自我安慰，而是透過他人的無意識評價、觀察更多身邊人的狀態、客觀評估自己現狀這三種方式，從而找到真實的答案。

然而，提升自我價值感光靠自己是不夠的，你還需要來自他人的「說明」。

畢竟現在的人都比較吝嗇，喜歡批評他人的比較多，願意誇獎他人的比較少，因此你在發現自己優點的過程中可能會遇到困難。你需要想辦法讓別人幫助你「說明」你自己發現的優點。

「爭取」是一個有效的方式，雖然這個詞可能不太受歡迎，但是那些擅長向別人尋求幫助的人，無論在金錢還是心理上往往都比你更富裕。其實，每個人都需要來自他人的肯定，只是有的人能夠主動索取，有的人只能被動等待。

「你看我做得怎麼樣，不錯吧？」；「我應該算聽話吧？」；「我很懂事吧？沒有給你添麻煩吧？」這些討好、委屈的行為其實都在說：「請誇獎我吧」。討好的本質就是全力表演完之後，等待他人的評價。

因此，**健康的爭取方式是直接要求對方：「你能不能給我一些肯定？」**「掠奪」也是許多人會採用的方式。你可能會透過指責、抱怨、憤怒、高聲說話等方式，來要求別人停止指責你並給予肯定。**每個人都可能試圖以「掠奪」的方式從他人那裡索取肯定。**

有些人可能會覺得，透過掠奪獲得的肯定並非真實，這是因為你自己缺乏認可他人的能力，所投射出來的不信任感。你要知道，敷衍你的人只會說「很棒」，而真心讚賞你的人會說出很多細節。你可以透過這一點來判斷他人的讚賞是否真實。儘管不是每個人都能夠欣賞你，但只要你願意多問一些，你肯定能遇到很多真正看見你的人。

你需要注意的是，「你的價值感對你而言重要嗎？」唯有真正理解這一點，你才能徹底提升價值感。

很多人害羞地回避談論自己的價值感，只想默默地把事情做好，但他們又無法釋懷，無意間會去證明、比較、競爭來尋求肯定。如果你能感受到自己想要表現出色的衝動，那就要坦然承認這個願望，並為自己的優秀付出一些時間。

請記住，你的價值感對你而言非常重要。

你可以花一些時間，讓自己感受到自己的優秀之處。

09 追求關注卻害怕成為焦點

有同學說：「我渴望成為大家的焦點，希望得到他人的關注，但當我真的成為焦點時，又感到焦慮和害怕。這種矛盾讓我覺得非常累，我想知道其中的原因。」

首先，被關注不一定全然是好事。被關注會帶來兩種可能，一是被喜歡，二是受到批評或懲罰。

當你成為焦點時，如果別人注意到你的優點，你可能會被喜歡和認可；但如果別人注意到你的缺點，你可能會受到指責和嫌棄。

被關注是把雙刃劍，這件事情對於相信自己優秀的人來說是一種福利，對於相信自己不夠好的人來說就是一種災難，而對於不確定自己好壞的人來說，則是一種矛盾。這就可以理解為什麼你會一方面渴望成為焦點，另一方面卻又害怕被關注

你想成為焦點，其實是希望展現自己的優點，得到別人的讚美、喜歡、欣賞和

接納等正面情感；而害怕被關注，是擔心一旦表現不符合他人的期望，他們會感到失望，從而拋棄你、嫌棄你、要求你或者懲罰你。

你同時擁有親近的需求，也有對安全感的需求。

你可以思考一下你內心的邏輯：「如果我表現得不符合別人的期望，他們是否還會喜歡我？」

如果你能夠給出肯定的答案，那麼你就能更自在地享受他人的關注；如果你的答案是否定的，那麼你需要多花些時間去確認與檢視，看看是否真的有人因為這樣就不喜歡你。這樣你就會明白，在什麼時候可以毫不保留地展現自己，在什麼時候需要學會保持低調。

靈活的生活方式就是在合適的時候展示自己，在必要的時候保持低調。

10 順境和逆境，哪個更利於個人成長

有同學問說：「順境和逆境，哪一個對個人成長更有利？」這就好比問：「運動和不運動，哪個對身體健康更有益？」

我們常看到健身房的宣傳都強調運動與健康的正向關係，但根據保險公司的統計資料卻顯示，職業運動員的平均壽命要比普通人少了十五歲。也就是說，過度運動反而會消耗生命。運動與健康之間的關係並非線性，不是越多越好，而是呈現倒U型曲線——適度的運動有益健康，而運動過少或過多都會對身體健康造成傷害。

請問：「服用毒物是否有益健康？」毒物也是如此，如果在正確的地方、適當的劑量與正確的方式下使用時，毒物可以成為解藥，有助於治療疾病；若用錯地方或劑量不當，它就是傷害身體的毒藥。同樣地，順境和逆境對個人成長都有利，但也可能對其產生不利影響，其關鍵在於程度。

過度的逆境會讓人沮喪悲觀。

我見過不少一蹶不振的例子：有些人在工作逆境中無法堅持，選擇放棄生活；有些人無法忍受感情上的衝突，選擇回避與他人建立親密關係；有些人年紀輕輕便只想「躺平」。當這些人想要去做一件事情時，他們首先想到的是「我做不好」，接著感到壓力、艱難和沮喪。

我曾經有個學生，從小目睹父母爭吵不斷，對婚姻感到絕望。長期的挫折讓他對婚姻既渴望又恐懼，既無法進入婚姻也無法安於單身。對他來說，這兩種狀態都是難以承受的逆境。

相對的，過度的順境會使人盲目膨脹。

順境會讓人對世界產生錯誤的認識，過度誇大自己的能力，導致在面對真正的挫折時失去抵抗力。這就是為什麼有人說人生有三大不幸：年少得志、出身豪門、飛來橫財。

我也有個非常優秀的學生，從小都拿第一名，在名校攻讀碩士和博士學位，是個典型的高材生。順境讓他認為一切事情都很簡單，只要他想做，就能做好。但也正因為過於自信，他在婚姻與家庭關係上狀況一片混亂，在工作中也屢遭人際關係的挫折，深感沮喪。

過度的逆境會讓人產生「我無能」，「我天生不夠好」，「我是多餘的存在」的認知；過度的順境則會讓人產生「我無所不能」，「我可以改變世界」，「世界圍繞著我轉」的認知。一旦形成這些認知，就很難進行修正。在相同的情境下，這些認知會被強化；在不同的情境下，則可能被忽視。

當一個人認為自己不行時，即使他成功了，他也會說這只是因為運氣好，而不是自己的能力強。當一個人認為自己很行時，一旦他失敗了，便會責怪他人，而不是承認自己能力不足。

人們會選擇性地注意周圍的事物，再選擇性地解釋這些事物，一次次加強自己內心的信念。

只有恰到好處的挫折才能促使個人成長。這種挫折是指在個人能力範圍內遇到的挫折，讓人有機會反思、訓練並提升自己的能力。雖然這樣的過程可能會讓我們感到沮喪和失敗，但不至於傷害自我價值感，也不會影響我們對人生和其他事物的看法。英國兒科醫生暨心理學家唐納德·威尼科特（Donald Winnicott）將其稱為「適度的挫折」，這是個人成長的良好土壤。

你可以選擇適度的挫折來促進自己的成長，但也有人認為順境和逆境是上天賦予我們的命運，並非出自自身意志，那該怎麼辦？實際上，順境和逆境完全是個人的選擇。

環境本身是無法改變的，但你可以選擇不同的環境。如果你選擇與世界首富談判生意，你將經歷逆境；如果你選擇與我談生意，你將體驗更多的順境。

當面對無法承受的挫折時，你可以選擇放棄並轉向一個相對簡單的問題，這樣你就會體驗到順境，重新找回動力。你也可以選擇降低或增加任務的難度，以便給自己適度的挑戰。

就像登山一樣，山的高度是不變的，但你可以選擇在十分鐘之內完成登頂，或者花上一整天的時間慢慢爬，這樣你就會感受到逆境和順境的不同。所謂「恰當的挫折」，就是在你的體力和意願範圍內攀登這座山。

樂觀的人會選擇調整環境和期望，讓自己更快樂地前行，而悲觀的人則在挫折中強迫自己努力克服，進而更加沮喪。

許多父母採用「挫折教育」的方式，認為讓孩子體驗挫折可以促進成長。但如果挫折超出孩子的承受能力，只會讓他們感到人生無望，充滿痛苦。相對地，一些父母採用「賞識教育」，讓孩子覺得自己無論做什麼都很出色，久而久之可能讓孩子變得自負，無法看清問題的真相。

良好的教育不是製造挫折，也不是刻意創造順境，而是幫助孩子面對現實，鼓勵他們嘗試克服困難而不強迫，給予適度的支持而非袖手旁觀。

無論對孩子還是對自己來說，**當你感到充滿活力時，可以適度增加任務難度挑戰自己。當你感到有些吃力時，需要降低任務難度來讓自己有喘息的空間。**如果任務難度無法改變，可以靈活調整，轉換任務。

問題是，哪裡會有如此完美的「剛剛好」？這個「度」該如何拿捏？

「剛剛好」沒有明確的標準，是無法量化的，唯一能協助你拿捏這個度的，就是你容易忽略但應該重視的那個「感覺」。

你瞭解自己的感覺嗎？你對自己的感覺是否熟悉？

11 想要的得不到讓我很痛苦，該怎麼辦

有同學問道：「我常常感覺很空虛、無助、抑鬱。想要的東西得不到，卻又無法改變，我該怎麼辦？」

這個問題讓我思考了許久。

是的，我們每個人都會有這樣的感受。我也有許多想要卻得不到的東西。

人生中十之八九的事情不如意，對於那些無法得到的東西，我們是否只能感到無助呢？

有些人總覺得，擁有的越多就越幸福，但我們真正想要的從來不是某些外在的東西；真正帶給我們幸福感的不是東西本身，而是我們賦予它的象徵意義。

比如說，我想要擁有一棟別墅。雖然我買不起，但在我的想像中，別墅象徵著自由、富足和榮耀。如果我擁有了別墅，我可以像一個成功人士一樣，得到周圍人

的贊許。當我無法得到時，我就會感到沮喪，尤其是當我經過別墅區時，心中不免會覺得他們的生活一定很幸福。

如果要改變這種狀況，最好的方法就是努力賺錢，買一棟足夠大的獨立別墅。這顯然這超出了我的能力，於是我需要向內尋求改變。

我內心感到空虛，所以需要很多東西來填補，正是那些外在的雜亂限制了我的自由。我害怕社交，又感到無聊，於是幻想著把商場搬回家，這樣我的家就變成一個我能掌控的小社會；我無法確定自己的價值，所以想用別墅來證明自己的卓越。

儘管我買不起別墅，但我賦予它很多象徵，因此它成為我內心的一個願望，我願意花費五年、十年的努力去實現它。這種努力讓我感到辛苦和絕望，但是當我向內探索時，我發現它在我心中的象徵意義，我就會找到內心的替代品。

當我擁有了更多實現自由、富足和榮耀的路徑，我對別墅的渴望也不再那麼強烈了，因為我的內心已經更加充實，不再需要它來證明什麼。

有些人渴望一段美好的愛情，卻始終無法如願。我會引導他們探索，愛情對他們意味著什麼。他們會發現，愛情對他們來說可能象徵著被接納、歸屬、認可、幫助和支持，接著會一起思考：他們為什麼會缺失這些？要如何滿足這些需求？

有些人因為得不到某個人的愛，而感到非常難過，我會幫助他們探索，這個人對他們而言的象徵意義是什麼。他們會發現，對他們來說，這個人可能象徵著美好的回憶，於是我們將進一步探討：他們的生活是否太單調或者有太多挫敗，以至於只能從回憶中尋找美好？接著，我們討論如何創造更多美好的當下，如此一來，他們就不會對過去的某個人念念不忘。

有些人特別希望他們的孩子擁有外向的性格、優異的成績等，我同樣會幫助他們探索，這些對他們來說意味著什麼。對一些人來說，如果孩子具有認真的性格，意味著將來可以在社會上立足。我們將進一步探討：如果孩子的性格不認真，那他是否還有在社會上取得成功的可能性？當我和他們一起發現更多人生的可能性時，他們對孩子的焦慮也會隨之減少。

有些人對自己的某些方面不滿意，我同樣會幫助他們探索，如果他們擁有這些能力，對他們來說意味著什麼。

當一個人的內心充實時，他對外在的執著就會減弱。這並不意味著他不再有物質欲望，而是他發現許多外在的東西都可以滿足他內心的充實，不再侷限於那一、兩樣東西。

要獲得幸福最直接的方式，就是透過努力改變外在環境，擁有你想要的東西。

有時候，這條路是非常艱辛的，畢竟我們不是神仙，我們無法完全改變外在的一切。無論你多麼努力，這個世界上總有許多事情是你無法改變的，有許多東西就是你無法獲得的。即使最終能夠得到，也需要付出巨大的努力。

當你在現實生活中遭遇挫折時，不妨向內思考：你執著於這個外在事物、人物或事件，究竟意味著什麼？它在你心中象徵著什麼？除了對外在表象執著，你是否還有其他方法可以實現內心的狀態？你會發現，實現內在充實的路有無數條，而不僅僅局限於你執著的那一條路。

奧地利心理學家維克多・法蘭克（Viktor Frankl）曾因為身為猶太人，在納粹時期被關進奧斯威辛集中營。對他來說，這象徵著失去了自由。許多人因為無法逃離集中營、無法獲得自由而絕望死去，但是法蘭克不同，他非常清楚、知道自己真正想要的並不是離開集中營，而是「內心的自由」。如果無法離開集中營，那還有什麼其他方式可以實現自由呢？

他意識到，即使身體被限制住了，但他仍可以在思想中體驗到自由；即使身體自由被命運剝奪，他仍在內心中實現了自由，並寫下了偉大的著作《活出意義來：

從集中營說到存在主義》（*Man's Search for Meaning*）。

你必須時刻記住：雖然外在的改變有限，但內在改變的可能有無限。

12 其實，你不想要輕鬆的生活

許多人渴望並追求著輕鬆的生活，但其實輕鬆是世界上最簡單、最純粹的事情之一。要實現輕鬆的生活，有兩個最佳時機，一個是十年後，一個是現在。這兩個時間點分別對應著兩種方法：

1. 設定輕鬆的條件

也就是現在努力工作，為將來創造一個可以過輕鬆自由生活的資本。

老一輩人常說「等將來退休了」，「等孩子長大了」，而當代的年輕人則常說「等我存到錢了」，「等我……」，這種方式就是把輕鬆的生活留給未來，在當下選擇承受辛苦。只要我們在將來達成自己所設定的條件後，就可以徹底改變心態和生活方式。

2. 放下承受的辛苦，立即體驗輕鬆

只要你願意「躺平」，你就能立即感受到生活的輕鬆。

世界上本來就沒有必須完成的事情，也沒有必須實現的目標，更沒有必須追求的未來。所謂的「必須實現的未來」，只是因為人們不肯放棄而生出來的執念。

這兩種方法都不容易實踐，因為在潛意識中，你可能無法允許自己過著輕鬆的生活。你的潛意識認為，輕鬆的代價比承受苦難和勞累的代價更大，於是淺意識會保護你，讓你繼續保持辛苦和勞累的生活狀態，所以無論你如何努力，無論你選擇哪種方式，都無法真正過著輕鬆的生活。

如果你選擇了第一種方法，結果可能是「實現了一個目標，然後就能為下一個目標努力了」；「等我忙完這段時間，我就可以有輕鬆的時間了」。如果你選擇了第二種方法，結果可能是「斜平四十五度」，躺躺坐坐也不能真正輕鬆起來，躺著反而比站著辛苦。

有個有趣的現象是，輕鬆其實比承受苦難更難。

世界上沒有承受不了的苦，卻有很多享受不了的福。

想要實現輕鬆的生活，並不是要在外部尋找答案，而是要從內心尋找。在潛意識中，輕鬆被判定為一顆定時炸彈，而找到這顆炸彈的方法就是問自己：「如果有一天你真的過得很輕鬆，會有什麼不好的後果？」

輕鬆的代價之一，就是平凡。

當你的生活變得輕鬆時，你可能會覺得自己不再有所進步，你可能會有一種停滯不前的感覺。此時，當你看到身邊的人不斷進步，而自己仍停滯不前時，焦慮就會襲來，讓你對自己的選擇產生懷疑。

即使你擁有了很多財富，但只要你開始拿自己與別人比較，甚至和過去的自己比較，你仍然會覺得自己很平凡。小時候的教育已經在你內心深處根深蒂固：人生如逆水行舟，不進則退，甚至「進展緩慢就等於退步」的想法也會不斷困擾你。

我曾遇到許多所謂「躺平」的人，但他們所謂的「躺平」只不過是換了一個賽道繼續焦慮：辭職之後又被家務所累，只為了給外人一個好形象。出門旅遊，又被拍照修圖和擺姿勢所累，想要在社群上展示好形象。雖然脫離了原本的辛苦，但他們用另一種方式繼續讓自己忙碌、讓自己累。

要實現輕鬆的生活，其中一個條件就是能夠接受自己的平凡。

當然，接受自己的平凡並不是實現輕鬆生活的唯一要素，我們還需要停止與他人比較。雖然和別人比較會感到焦慮、感到疲憊，但也可能獲得價值感；雖然和他人競爭會很辛苦，但贏了會很爽，能獲得那種「我很棒」的滿足感。所以，我們是很難輕易放下「與他人競爭」這件事的，除非你有其他方法能讓自己獲得價值感。

不與他人比較的前提是，你能夠從「比較之外」的事物中獲得價值感。

當你沉浸在粉紅泡泡般的熱戀中時，工作和名利自然就變得沒那麼重要了，光是「被愛」就讓你感覺很棒；或是你有自己的小圈圈，大家和睦相處，彼此「互愛」，無論優秀與否都不重要了。

當你為自己喜歡的事業付出、做自己喜歡的事情、照顧你愛的人時，「去愛」就會讓你感覺很棒。

在「愛與被愛」這兩種很棒的感覺中，你就有可能實現輕鬆的生活。

輕鬆的代價之二，是空虛和孤獨。

一旦你的生活變輕鬆，意味著你有更多時間去做自己喜歡的事情，但是「自己是誰？你喜歡做什麼？什麼能讓你開心？」這些深層的問題也會隨之浮現。

由於你對自由和開心感到陌生，反而難找到讓自己充實的事情，這時就會產生空虛感。

有人說很喜歡跳舞，但是當他有時間去跳舞時，突然發現自己又陷入了「自己跳得好不好」和「什麼時候才能進步更快」這種追求上進的想法，隨著壓力襲來的便是挫敗感。

他無法讓自己安心地享受跳舞的當下，因為在那一刻，他感到孤獨，感到自己是一個人在做這件事。這種孤獨讓他無法從中獲得價值感，不能真正讓自己開心，只剩下空虛和孤獨。

你需要知道自己喜歡什麼，才能實現真正輕鬆的生活，即只有你真正喜歡的事情才能賦予你意義感，而這個意義感可以對抗空虛和孤獨——真正的輕鬆，是內心能被意義填滿的輕鬆。

你要能做自己喜歡的事，前提是你相信這個世界上有人和你擁有相同的愛好，願意和你一起做這些事情，會因為你的快樂而快樂，因為你的眼淚而感到悲傷。即使現在他們不在你身邊，但你知道，這樣的人是存在的——對抗空虛和孤獨的方式就是與志同道合的人建立連結。

實現輕鬆生活的方式之一，就是放下比較，從愛與被愛中找到價值。

去做你喜歡的事，愛你所愛的人，被真正愛你的人愛。與志同道合的人分享快樂和悲傷，享受愛與被愛，你會看見這個世界其實很豐富、多彩。

高寶書版集團
gobooks.com.tw

NW 305
我已經很好，不需要最好：不完美也沒關係，重新認識內在價值的自我對話練習，活出坦然、堅定的自己

作　　者　叢非從
主　　編　林子鈺
責任編輯　高如玫
封面設計　黃馨儀
內頁排版　賴姵均
企　　劃　陳玟璇
版　　權　張莎凌

發 行 人　朱凱蕾
出　　版　英屬維京群島商高寶國際有限公司台灣分公司
Global Group Holdings, Ltd.
地　　址　台北市內湖區洲子街88號3樓
網　　址　gobooks.com.tw
電　　話　(02) 27992788
電　　郵　readers@gobooks.com.tw（讀者服務部）
傳　　真　出版部(02) 27990909　行銷部(02) 27993088
郵政劃撥　19394552
戶　　名　英屬維京群島商高寶國際有限公司台灣分公司
發　　行　英屬維京群島商高寶國際有限公司台灣分公司
法律顧問　永然聯合法律事務所
初版日期　2025年06月

國家圖書館出版品預行編目(CIP)資料

我已經很好，不需要最好：不完美也沒關係，重新認識內在價值的自我對話練習，活出坦然、堅定的自己 / 叢非從著. -- 初版. -- 臺北市：英屬維京群島商高寶國際有限公司台灣分公司, 2025.06
面；　公分. --

ISBN 978-626-402-283-5（平裝）

1.CST：自我肯定　2.CST: 自我實現

177.2　　114007582